**本书的研究工作和出版得到
国家自然科学基金项目的资助**

本书是国家自然科学基金项目（41571132）《强调质性微观尺度分析的事件空间理论与节事空间的实证研究》的部分成果结集。全书聚焦微观事件和节事微空间在中观社会和宏观文化中的发生与演化机制，在后现代地理学理论的指导下，用多案例、多元质性的混合微观尺度分析方法，对事件进行理论探索，对节事空间进行实证分析。

SHIJIAN LILUN YU JIESHI WEIKONGJIAN DE
HOUXIANDAI DILI YANJIU

# 事件理论与节事微空间的
# 后现代地理研究

戴光全 等 ／ 著

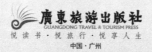

广东旅游出版社
GUANGDONG TRAVEL & TOURISM PRESS
悦读书·悦旅行·悦享人生
中国·广州

图书在版编目（CIP）数据

事件理论与节事微空间的后现代地理研究 / 戴光全等著 . —广州：广东旅游出版社，2020.3
ISBN 978-7-5570-2100-9

Ⅰ．①事… Ⅱ．①戴… Ⅲ．①地理学—研究 Ⅳ．① K90

中国版本图书馆 CIP 数据核字（2020）第 025966 号

SHIJIAN LILUN YU JIESHI WEIKONGJIAN DE HOUXIANDAI DILI YANJIU
事件理论与节事微空间的后现代地理研究

出 版 人：刘志松
策划编辑：官 顺
责任编辑：官 顺 龚文豪
责任校对：李瑞苑
装帧设计：邓传志
责任技编：冼志良

广东旅游出版社出版发行
（广州市越秀区环市东路 338 号银政大厦西楼 12 楼）
联系电话：020-87348243 邮编：510060
朗翔印刷（天津）有限公司印刷
（天津市宁河区潘庄工业区六经路南侧天津市鹏赢工贸有限公司院内5号厂房）
787 毫米 ×1092 毫米 16 开 12 印张 210 千字
2020 年 3 月第 1 版第 1 次印刷

定价：58.00 元

## 编著人员名单

**戴光全** 华南理工大学经济与贸易学院　博士、教授、博士生导师、博士后合作导师；

**王晓敏** 广东工业大学经济与贸易学院　博士、讲师；

**余构雄** 中山大学旅游学院　博士后（在站）；

**吴少峰** 湖南师范大学旅游学院　博士、讲师；

**方昌敢** 梧州学院商学院　博士、副教授；

**张　洁** 华南理工大学经济与贸易学院　博士研究生、讲师；

**孙　欢** 华南理工大学经济与贸易学院　博士研究生；

**廖珍杰** 华南理工大学经济与贸易学院　博士研究生、讲师；

**陈浩然** 顺丰科技有限公司客户渠道与运营研发中心　硕士、助理产品经理。

## 写作分工

　　本书全部内容的研究工作由戴光全主持完成。全书的整体构思、框架结构、内容简介及附录的拟定和编制由戴光全完成，戴光全还在各章初稿的基础上，对全书的文字语法进行了修订统稿、对全部图表和参考文献进行了修改定稿。

**全书各章初稿按章节顺序分工如下：**

第 1 章、第 2 章，方昌敢；

第 3 章，吴少峰；

第 4 章、第 7 章，孙欢；

第 5 章，张洁；

第 6 章、第 8 章，王晓敏；

第 9 章，陈浩然；

第 10 章，余构雄；

第 11 章，廖珍杰。

# 内容简介

　　本书是国家自然科学基金项目（41571132）《强调质性微观尺度分析的事件空间理论与节事空间的实证研究》的部分成果结集。全书聚焦微观事件和节事微空间在中观社会和宏观文化中的发生与演化机制，在后现代地理学理论的指导下，用多案例、多元质性的混合微观尺度分析方法，对事件进行理论探索，对节事空间进行实证分析。

　　本书内容包括两个部分：第一部分包括前6章，从文化表演性与认同、身份与符号、游客互动、意义建构、"租值消散"等方面，对事件的基础理论进行探索；第二部分包括后5章，从节事场景、空间政治、空间冲突、城市群展览业竞合、广交会网络关注度的时空特征等方面，对节事空间进行实证分析。

　　本书对地方和企业节事会展活动的策划和运作有明显的参考作用，对节庆、节事与展览的实践操作有较大的应用价值，对高等院校和科研机构的相关学术研究有一定的指导作用，适合会展节事、旅游管理、文化创意等相关专业的师生学习阅读和广大读者研修参考。

# 目录

# 第 1 章

# 民族节日展演中
# 文化的表演性呈现及管理

　　旅游作为现代社会的一种经济、文化现象和"社会事实"，在现代社会或现代性研究领域占据重要地位。在现代社会，旅游者被看作是"寻求真实的梳理的现代人"，他们通过旅游来对现代性危机之下的精神家园及自身的真实性（authenticity）存在进行追求。而保存相对原始及完好的少数民族文化满足了其对异于惯常环境的社会及文化的寻求体验。随着旅游的不断发展，人们的精神追求日益多元，对以民族文化为基因的多元文化的了解、感知、体验及认知日渐成为人们生活的普遍追求，进而促使民族文化旅游得以迅猛发展。民族旅游对民族地区的经济社会及文化发展产生了深远的影响，旅游对民族地区经济社会及文化的影响研究已经成为学术界关注的热点问题。

　　少数民族节日作为少数民族地区重要的旅游资源和旅游吸引物，在民族旅游过程中发挥重要作用。作为民间狂欢最基本的形式和信仰活动集中及"合法"展示的场合，其已经成为国内外旅游目的地的重要促销手段和潮流，并日益被商品化。美国民俗学者芭芭拉（Barbara）指出，节日是一种"浓缩的文化物象（encapsulated cultural object）"；是物质及精神文化的重要载体；是少数民族文化传承的有效方式。在民族旅游中，少数民族节庆旅游作为一种特殊形态，具有短期、限时的特点。在节日的时空阈限下，传统节日符号作为异质性存在的民族文化资源，被强烈地运用于节庆旅游中。在大力发展民族文化旅游的时代背景下，少数民族文化的异质性恰好满足了人们对异质文化的追求和体验。而少数民族节庆，为少数民族文化集中展示提供了时空机会，具有社会经济管理内容和社会文化现象的双重载体功能。在旅游活动中，节庆展演对社会、经济、文化及环境都会产生影响。其既能够对少数民族传统文化进行保护，又能够为节庆举办地经济发展提供动力。特别是在少数民族地区，旅游者通过旅游需求、动机、行为和凝视对节庆产生影响，为了迎合旅游者的需求，节庆组织者在节庆举办过程中，往往对民族文化进行整合和筛选，对能够满足旅游者猎奇心的文化进行表演性的呈现，以期获取经济利益。

　　少数民族文化依托节庆展演进行文化的自我阐释，在旅游场域中，其如何呈现及呈现的效果如何，是游客与东道主进行主客互动的结果，其产生的影响是由主客双方的互动关系产生的。很多少数民族节日在展演的过程中，对民族文化的呈现注入了新的内涵，民族节日举办不仅仅是本民族的自我狂欢，还在于吸引"他者"的凝视，以实现节庆旅游的功能，同时实现"自我"和"他者"对民族文化的认同。少数民族节庆展演集中展示少数民族多姿多彩的文化，包括习俗、仪式、音乐、舞蹈等等。通过文化的展示来构建民族的文化认同和满足旅游者的猎奇心。本章以广西三江侗族"多耶节"为研究案例，聚焦节庆旅游中少数民族文化的呈现方式，从少数民族节庆展演过程中文化表演性（performativity）呈现出发，探讨文化的表演性呈现对少数民族文化及主客认同的影响。

# 1.1 相关文献综述

## 1.1.1 节事旅游中的文化呈现

节事旅游，是节日和特殊事件旅游（Festival & Special Event Tourism，简称 FSE）的统称，是重要的旅游类型。节事旅游以高度浓缩和展示地方文化的节日庆典作为核心吸引力，在营销和提升旅游目的形象方面发挥重要作用。近年来，随着国内外节事活动的频繁举行，节事活动在经济、社会、文化及环境方面的影响日益突显，节事旅游逐渐成为国内外学界的研究热点。已有研究表明，节事作为一种社会文化现象，能够表达情绪、传递感情、交流信息，彰显人们对宗教信仰的追求和对生命的礼赞；作为一种旅游现象，其核心问题就是旅游过程中文化互动。也就是说，节事旅游特别是少数民族节庆旅游，其旅游发展的本质实际上是对东道主所呈现的异质文化及所营造的节日氛围的体验。当前国内外学者对节事旅游的研究主要集中在节事旅游的影响、吸引物、运作及管理上面的研究。而对节事展演的文化研究，则主要集中在文化真实性的研究。自从 1973 年麦坎内尔（MacCannell）提出旅游中的"舞台真实"以来，旅游中的真实性研究就一直是旅游文化研究的热点问题。在少数民族旅游中，文化展演的真实性往往会有不同价值取向的评价。有学者（Geoffrey Wall and Philip Xie，2005）指出，在中国海南，在旅游情境下，为了向"他者"呈现本民族的文化，黎族舞蹈演员表演传统竹竿舞，来展现本民族的文化要素。在特定的情境下，对于东道主而言，展演本身是真实化的过程，文化真实性是动态的过程。魏雷（2015）指出，在旅游活动中，文化真实性的表述涉及到东道主和游客的不同身份以及身份之间的权利关系，东道主在游客对他者的凝视中，对真实性的理解和体验进行自身的表述。节事活动为文化的集中展示提供了时间要素和空间场所，文化展示的真实性固然能够满足游客对异质文化的需求。但是，文化的呈现方式对文化的深度体验会产生深远的影响。在后旅游体验阶段，旅游文化的表演性呈现会影响到游客的旅游体验呈现，旅游研究呈现出表演性转向（performativity turn）。

牛津大学语言学家在 1955 年首次提出了"施事话语"的概念，开启了表演性在语言领域的研究。从此，表演性理论开始从语言学研究进入到人类学、戏剧理论、性别研究、女权主义等不同研究领域。尽管在 20 世纪 70 年代，旅游学者麦坎内尔吸收戏剧学界戈夫曼的拟剧理论，对旅游活动中的真实性进行旅游表演隐喻的研究。同时英国学者厄里（Urry，2001）通过"旅游凝视"理论指出，旅游者进入旅游场域，不单在于对旅游目的地的凝视，更在于步入舞台用身体感官去体验和进行创造性的表演，旅游者就是表演者。针对旅游者就是表演者的表述，巴尔托涅（Valtonen，2014）将表演性引入到旅游研究中，其指出，表演性在旅游研究领域的出现，实际上是旅游概念化的范式转化，旅游从凝视到身体、从真实性到表演性、从表征到日常习惯和实践的转换，关注的重点从是什么到做什么。因此，区别于旅游真实性对旅游主体内在体验的关注，表演性关注的是旅游主体内在体验的外在表达，关注旅游主体在旅游特定情境下的自我表演，其强调的是旅游活动过程身份的转换、角色的扮演和外在的表达。针对旅游表演性的研究，国内学者也做了相关的研究。如国内学者刘丹青（2008）指出，在旅游活动中，体验和表演是旅游者内在和外在的一种对接，"体验"是一种内化过程，而"表演"则是外显过程，旅游者在旅游过程中的外在表达，是一种表演性的呈现。吴忠才（2002）指出，旅游活动中文化的真实性与表演性在一定的要素影响下是可以相互转换的，其对旅游目的地的东道主及游客有直接的影响。为此，旅游活动中文化的呈现，真实或是表演，不同的凝视者有不同的理解。从旅游的体验本质来看，更注重文化的真实性呈现，而从旅游的后续效应来看，凝视者更注重文化的表演性呈现。

## 1.1.2 节事旅游中的文化认同

作为民族地区进行文化及旅游展示的重要载体，少数民族节庆往往被贴上文化事件的标签。在现代社会，旅游作为一种"我者"评估"他者"的世界，在界定自我认同感上发挥重要作用。节事旅游中的文化认同，是指由节庆旅游引发的对节庆所展演的物质文化和表演性文化的认同，涉及到东道主、旅游者、精英与大众等等。旅游节庆活动本身作为文化展演的一部分，在地方文化认同方面起着重要作用。如詹姆斯·戴维斯（Davis，2001）对美国"罗林跳河节"进行研究，指出尽管 "罗林跳河节"带有旅游商品化的特征，但其舞蹈表演、农事庆典等活动内容在塑造地方社区的自我认同方面起到了积极作用。少数民族节庆为了增强东道主的自我文化认同和吸引旅游者的注意，往往在节庆举办期间对本地的文化进行集中性的展演，通过表演性的展演方式，向旅游者进行民俗文化的展示。旅游目的地通过举办节庆，一方面是目的地社区东道主进行自我的狂欢，另一方面是为了发挥节庆的旅游吸引物功能，促进地方经济等相关产业的发展。目的地社区在节庆旅游活动中对文化景观的呈现方式，直接影响到游客的旅游体验，进而影响文化认同。依据表演及表演性理论，旅游者在旅游场域下的旅游行为，实际上是一种角色的转换和扮演，在角色的转换和扮演中，其也在寻找着自我及他者的认同。

广西三江侗族"多耶节"作为民族旅游节庆，在节庆的举办过程中，将侗族人民多彩多样的物质文化进行表演性的呈现，满足东道主和游客的文化体验需求。因此，三江多耶节可以成为研究旅游表演性及文化认同的案例，基于此，本章在回顾相关研究的基础上，以广西三江侗族"多耶节"为研究对象，依据表演性概念及表演性理论，采用深度访谈及参与观察的方法，对三江"多耶节"的文化呈现进行表演性的研究，进而研究节庆中的表演性活动如何将少数民族文化的概念呈现给大众，并得到大众的喜欢。在此基础上，进一步讨论影响和干扰东道主社区居民和游客对所呈现的文化形成认同的影响因素。

## 1.2 研究背景与研究方法

侗族，主要分布在我国湖南、广西及贵州三省，总人口大约为 250 万人。侗族人民在长期的历史发展过程中，创造出了本民族特有的物质财富和精神财富。说到侗族，人们想到的就是侗族三宝：侗族大歌、鼓楼和风雨桥。侗族聚居区由于其保存完好的自然生态环境及神秘且浓郁的少数民族风情，瞬时成为重要的旅游目的地，受到游客的青睐。而侗族歌舞更是作为重要的旅游产品，在旅游发展的过程中发挥举足轻重的作用。"多耶"就是侗族传统民间歌舞的重要形式之一，通过歌舞的形式集中反映了侗族人民集体劳作的生产生活方式。"多耶"为侗语音译，"多"具有"唱"和"舞"等多重意义，而"耶"则为多数唱词的衬词，因此人们也把"耶"作为歌舞表演形式的名称。"多"和"耶"组合而成的"多耶"，就是"唱耶歌""跳耶舞"，在侗族村寨中，人们称之为"踩歌堂"。根据史料记载，"多耶"这种歌舞形式从宋代就开始在侗族聚居区盛行，而其真正的起源要早于宋代。"多耶"具有悠久的历史，随着时代的发展，其功能也在不断地发生变化。每年 10 月期间举办的"多耶节"是侗族文化对外展示的时空界限，更成为了重要旅游吸引物，发挥旅游吸引功能。

本章主要通过参与式观察、深度访谈和文本内容分析三种研究方法，并于
2015 年 9 月—2015 年 12 月期间在广西三江侗族自治县进行田野调查，对多耶节的
筹划、组织、管理及展演等进行相关的资料收集。研究者从每一个节庆都有表演现
象这一事实出发，参与到多耶节的筹划及组织过程中，注重对节事举办的节事空间、
产生的文化背景及所处的社会环境进行了参与式观察，并对节庆活动中文化参演的
形式、内容、组织编排、表演时间等资料进行重点收集。同时，研究者还收集地方
志等相关素材，加深对多耶节相关文化的了解。研究者作为参与者参与到节庆组织
过程中，对节事管理者、参演人员和游客做了深度访谈。访谈的内容主要体现在三
个方面：（1）节庆组织者文化表演性呈现的感知；（2）演员对文化表演性呈现的
感知和认同；（3）游客对文化表演性呈现的感知与认同。

## 1.3 节庆旅游活动中文化的表演性呈现

三江侗族"多耶节"给侗族文化提供了很好的展示时空。在节庆举办期间，东
道主在享受节日氛围的同时，也在运用不同的形式向观众（游客）呈现侗族的文化
项目，包括图片、文字、实物、现场表演等等。其中尤以现场表演最能吸引参观者
的注意，例如侗族大歌的演唱、《坐妹》的演出、"多耶"舞的表演等现场展示项
目都给观众留下了深刻的印象。节庆的举办，不仅仅是一场盛大的狂欢，更被赋予
了更多的意义。通过节庆的举办来增强民族的文化认同和族群认同，提升地方的旅
游形象等。而在这样特殊的时空阈限下，文化展示更注重与节庆的主题相结合，以
彰显节庆所承载的经济、政治及文化内涵。

2015 年三江侗族多耶节以"千年侗寨·梦萦三江——和谐多耶过侗年"为主题，
活动将侗族歌舞、民俗、饮食、鼓楼及风雨桥等文化进行集中的展示。主会场在县
城的多耶广场，同时在节庆举办期间，还设立有月亮街、龙吉风雨桥和各个景区等
多个分会场。主会场和分会场都进行丰富多彩的文化展演活动，展演时间、地点及
内容如表 1-1 所示。人们在特定的时间集中到特定的地点参加节庆活动，每个人想
看到的都不尽相同。作为节庆活动的主导者，节庆文化如何进行展示，以获得预期
的效果，都关乎节庆举办的成功与否。本章所涉及的文化呈现，主要涉及物质文化
的呈现、非物质文化的呈现及参与节庆主体的自我呈现三个方面。

表 1-1　2015 三江侗族多耶节活动安排

| 展演时间 | 展演地点 | 展演内容 |
|---|---|---|
| 2015 年 12 月 26 日 | 三江县多耶广场 | 百人侗族大歌、百人芦笙舞、百人打油茶、千人多耶、侗族服饰展示、侗锦展示、讲款 |
| 2015 年 12 月 26 日 | 三江县月亮街 | 侗族百家宴 |
| 2015 年 12 月 26 日 | 三江县龙吉风雨桥 | 侗族风雨桥踩桥祈福仪式 |
| 2015 年 12 月 26 日 | 三江县鸟巢斗牛场 | "牛王争霸"斗牛比赛 |
| 2015 年 12 月 26 日 | 三江县人民大礼堂 | 传统戏剧文艺汇演 |
| 2015 年 12 月 26 日 | 三江县侗乡鸟巢 | 大型民族歌舞剧《坐妹》展演 |
| 2015 年 12 月 26—31 日 | 三江县程阳八寨景区 | 拦路歌、民俗表演、芦笙舞、侗族大型纺纱表演、侗族多耶、捶侗布互动体验、中国侗年民俗游行、侗族芦笙踩堂、团结多耶舞、各寨百家宴、篝火晚会等 |
| 2015 年 12 月 26—31 日 | 三江县丹洲景区 | "苏县令巡城"民俗展演 |
| 2015 年 12 月 26—31 日 | 三江县石门冲景区 | 捶糍粑、山歌擂台赛、民族歌舞晚会 |
| 2015 年 12 月 26—31 日 | 三江县冠洞景区 | 百家宴、"月也"、油茶节 |
| 2015 年 12 月 26—31 日 | 三江县产口景区 | 拦路迎宾、芦笙踩堂、和里庙会、侗戏展演、民族服饰制作展演、放花灯、百家宴 |

资料来源：作者整理。

### 1.3.1 展演空间的物质文化呈现

三江侗族"多耶节"成为三江旅游重要的吸引物，节庆的举办促进了三江县的旅游发展。游客在参加节庆活动的过程中，最能直接感受到的就是侗族的物质文化遗产。为了使游客更好地了解侗族的物质文化遗产，节庆活动组织者从节庆的举办场所上就下足了功夫。侗族多耶广场、侗乡鸟巢、斗牛场及各个景区的鼓楼坪，都是节庆活动的举办场所。众所周知，三江侗族拥有丰富的物质文化遗产，声名远扬的侗族风雨桥、族群身份象征的鼓楼、创造世界吉尼斯世界纪录的世界上最大的单体木质结构建筑的"侗乡鸟巢"，无不给侗族人民带来更强的民族自豪感。在经济、文化及政治高速发展的现代社会，旅游的发展给少数民族地区带来了好机会。而作为少数民族，作为旅游东道主，为了迎合游客需求，总是希望把最原始的民族文化呈现给游客。从节庆的举办空间来看，节庆的主会场："多耶广场"在节庆的特殊时空下，由市民休闲场所的广场变成了节庆展演的神圣舞台。在节庆活动期间，将侗族的物质文化向游客进行展示。体现如下，第一，从名字拟定来看，出现了"多耶"一词，一方面这和侗族传统的多耶舞蹈文化有关，另一方面也是为了迎合节庆的造势需要，游客更容易记住；第二，从广场的节庆布置来看，广场的中央有个固定的舞台，舞台的远处就是以侗族鼓楼作为背景，而广场的入口就是风雨桥的建筑样式。从游客进入广场大门，再至来到舞台前面，都能轻易地欣赏到侗族的风雨桥、鼓楼等。而节庆活动的分会场，也将侗族的物质文化向游客进行淋漓尽致的展示，如鼓楼、鸟巢、风雨桥、斗牛场等等。

三江侗族的鼓楼文化、风雨桥文化、木质建筑文化等等，作为侗族传统的物质文化，在节庆旅游场域下，东道主通过将其与节庆活动的融合，将在日常环境中的文化在旅游时空下向游客进行表演性的呈现，正如节庆活动策划者刘C所说：

> 节庆活动的举办地主要集中在三江的各个鼓楼前，一是鼓楼前的广场比较开阔，有利于进行大型的活动；二则鼓楼是我们侗族的一个象征，在前面举办活动，游客既能欣赏节目表演，又能看到高高的鼓楼，游客都说看到鼓楼就看到了侗族。

三江侗族依靠节庆活动，将侗族的物质文化集中的对游客进行表演性的呈现。在旅游情境下，鼓楼、风雨桥的功能正在发生变迁，实现了从原始的使用功能为主向展示功能为主的转变，而节庆活动及旅游则在其中起到关键的带动作用，文化的物质载体俨然已经成为了对外展示的民族传统文化景观。

### 1.3.2 展演内容的表演性呈现

节庆活动的展演内容是东道主向游客呈现的主要内容。相比于商品化的、天天举办的民族节庆，"多耶节"是侗族人民一年一度的节庆。在这样的年度狂欢庆典中，东道主将本民族的优秀文化进行集中的展示，在展示中对传统文化进行保护和传承，同时也能够满足旅游者的需求。在节庆筹备的过程中，哪些文化可以进行展示，通过哪种方式进行展示，节庆策划者都经过了一番讨论。当展示的内容定下来以后，又如何组织演员或群众进行排练，更是要节庆组织者花一番心思。因此，节庆活动做呈现的文化是有选择的，不是传统文化的原始呈现，是经过一定排练加工后的表演性呈现。这样的呈现方式，使游客既能看到优秀的侗族文化，又用通俗易懂的表演方式来呈现，满足了游客的多种需求。

从多耶节所展示的文化内容来看，既有侗族传统歌舞，如侗族大歌、芦笙舞、拦路歌等，又有日常生活场景，如打油茶、百家宴、捶糍粑、大型纺纱、捶侗布等；既有民俗表演，如讲款、芦笙踩堂、侗锦展示；又有侗族艺术精品表演，如大型歌舞剧《坐妹》，还有互动体验的表演，如千人多耶、多耶舞等。内容丰富多彩，囊括了侗族多姿多彩的非物质文化遗产。但是从多耶节展演的内容来看，展演的节目都是经过一定的排练然后呈现在游客及观众面前的，具有表演性的，是表演性的呈现，如在大歌、芦笙舞及多耶舞的展示中，更是为了达到宣传及吸引效果，做到了百人、千人的规模。这样的表演性呈现中，对旅游学界所研究的文化真实性及游客的真实性需求会产生怎么样的影响？对于文化自身而言，文化的呈现需要通过多种手段对外进行展示，而表演是重要的手段，不论是静态的表演还是动态的表演，而只要文化通过表演的方式去进行呈现，就要经过一定的加工，使其具备一定的表演性，才能通过表演的方式去呈现。因此，对于文化真实性，文化的表演性是其体验的基础。正如在访谈中，三江《坐妹》艺术团的刘团长所说：

文化的原始及真实性，有时候是不能原貌的照搬过来去进行呈现，在其基础之上进行一定的艺术加工，使其更具有表演性，只要其本质没有发生改变，其就是民族的真实文化。而游客在观看所展演的内容后，给出的评价就是"很美、太震撼了，侗族文化很精深"的感叹。可以发现，文化的表演性使游客对文化的了解更加的容易，获得的体验更加直接，这个时候，谁还会再去考虑文化的真实与否呢？

简而言之，从节庆的举办地看，主会场在县城最大的广场举行，有利于节庆的组织和观众的参与，而分会场主要在各个风景区，这从一定程度上说明节庆作为旅游吸引物，举办节庆，有利于为旅游区吸引来游客，从而促进当地旅游的发展。而从节庆活动的展演内容来看，侗族多耶节集中展示了侗族悠久的表演性文化，有侗族大歌、芦笙舞、侗戏展演等等，节目形式丰富多彩。在参与到节庆的组织与举办的过程中，可以看出，多耶节展示的侗族文化都是在其传统文化的基础上，经过一定的加工、编排而呈现在观众面前，为了增强其旅游吸引功能，组织者更是花心思在节目的呈现形式上面做足了功夫，例如"百人侗族大歌""百人芦笙舞""百人打油茶""千人多耶""大型纺纱表演"等等，无不在人数和规模上下文章，使其具有更大的表演规模和更震撼的视觉效果，形成更强的旅游吸引力。在节庆活动中，良好的节庆氛围，恢宏的表演场面，使参与者获得快乐及视觉的体验，其所展示的文化真实与否，不再是游客所刻意去追求的内容。在被问到表演的节目是否是原始的文化再现时，游客黄 D 说：

今天看到的表演，演员表演的就是侗族在长远的发展过程中所保留下来的文化，比如说它的大歌，它的芦笙舞。我们来旅游，观看文化表演，只要是好看的、好听的，我们就觉得看得值。

从黄某所认为的一样，在参与观看民族节庆展演时，文化的真实性在游客看来，远没有其表演性带来的旅游体验效果强。而对于参演的演员刘B，他则说：

虽然我的节目是经过编排的，但是也是在原始的基础经过一定程度的艺术加工，我们表演的节目是侗族真实文化的表演，这就是真实的侗族文化。

因此，节庆活动所展演的节目，在旅游情境下，其所呈现的方式，在不同的参与者看来，会有不同的感受。对于追求休闲及审美体验的游客来说，文化的表演性呈现更满足其需求；对节事活动的组织者及参演人员而言，文化要通过表演性的方式去呈现，才能更好的去进行诠释，也才能更好地发挥其功能，满足游客的不同需求。在这样的背景下，文化的呈现方式会对东道主及游客的文化认同产生一定的影响。

## 1.4 节庆旅游文化的表演性呈现与管理

对于少数民族节庆而言，文化的展示是其欢度节庆、表达心情的一种方式，展演的过程就是仪式的过程。从节庆组织者的角度来看，节庆所展演的内容就是节庆参与者的自我呈现。"多耶节"每年举办一次，从节庆的活动内容安排出来开始，各个村寨或者单位就开始进行节庆展演节目的选取和排练工作，在排练的过程中，演员认为自身就是将传统文化进行排练，然后呈现出来，其自身有很强的认同感。在对舞剧《坐妹》的演员进行访谈时，受过专业舞蹈教育的韦E说：

虽然我们表演的节目都是经过艺术加工过的，比如说我们"月也"，就是我们侗族千年男女以前谈情说爱的方式，虽然说现在这样的很少了，但是通过表演能让外面的人知道我们的历史，能够将传统文化保留下来，我觉得挺好的，表演过程挺开心的。

从演员的谈话中，可以知道演员对表演过程中表演性文化的呈现有很强的认同感。而对于游客而言，在参与到节庆活动和观看表演性节目过程中，更多的关注文化的真实性，在表演前台，东道主给游客呈现的是表演性的文化。特别是当游客参与到节目的表演中，使自己的身份从游客转换为演员时，其更容易获得自身的表演性认同。在多耶节的文化展演过程中，有很多展演节目游客可以直接参与到表演当中，比如多耶节最后的压轴大戏"多耶舞"。游客可以直接参加到节目中，和演员手拉手，跟随多耶音乐，摆起双手，跳起欢快的多耶舞。当对刚从"多耶舞"中走下来的游客吴F进行访谈时，他说：

> 侗族人民真是太善良、太淳朴、太会生活了，跳起欢乐的多耶舞，什么辛苦烦恼都忘光了，非常享受，来参加多耶节，值得。

从他的陈述中，可以看出，其获得了旅游的愉悦体验，更实现了自己游客身份的认同。

节庆活动要呈现什么样的节目，以何种方式进行呈现，是节庆组织者要考虑的问题，这就需要对节目的选取、呈现方式进行管理。"多耶节"从侗族人民传统的"多耶"形式到现在的现代节庆，其功能也在发生着改变。如何使节庆在每一年的举办中获得更大的成功，成为组织者关心的问题。对于节目的表演性呈现，有一套管理流程，节目从选取、排练、彩排到最后的演出，在强调展演内容文化原真性的基础上，更注重其对外展示的表演性，实现展演内容原真性和表演性的融合。同时注重东道主与游客之间的互动，从两者的追求出发，对展演的内容进行相应的调整，实现双方在节庆展演期间的自我认同。

# 1.5 结论和讨论

本章认为旅游将少数民族节庆放置于特定的场域，对于少数民族传统节庆而言，其节庆已不再仅仅是本民族自我的狂欢，也是在旅游的情境下将本民族的优秀文化进行对外展示的舞台，而表演性是其文化展示最有效的手段。文章以侗族"多耶节"节庆活动的展演内容的表演性呈现为研究内容，关注文化的表演性对节庆旅游特别是节庆文化、民族文化的影响。

第一，本章发现，对于节庆组织者来说，节庆的举办一方面能够集中展示本地区的传统优秀文化，对文化的保护起到促进作用；另一方面，又能发挥其旅游吸引功能，促进地方旅游经济的发展。对于节庆展演活动的举办地、内容的安排等等，其既考虑到文化的真实性，又考虑文化的表演性呈现方式。因此，他们通过对物质文化、非物质文化进行表演性的呈现与诠释，达到了预期的效果。同时，对节庆展演内容的管理，也是在坚持文化真实的基础进行文化表演的创作，这也是节庆旅游能够可持续发展的关键所在。

第二，节庆旅游中文化的呈现起着非常重要的作用。东道主从自身的角度出发，将本地区乃至本民族的优秀文化进行表演性的创作，再以表演的方式呈现在社区居民及游客面前。对于了解本民族文化的社区居民而言，文化的表演就是传统文化的现代再现，只是表演的人、时间及地点是在多耶节及多耶广场，与传统多耶节在本质上没有多大的区别，前台和后台是一致的。对于游客而言，真实文化的表演性呈现，使其能够更好地了解其文化的本质，在前台就能够了解到文化的原真性，那么对于"表演后台"这个禁区，也就失去了其固有的好奇心。而对于表演的演员而言，其在表演过程中，更能真切的体验到文化的真实魅力，获得自我的文化认同。

第三，关于旅游研究中的热点问题——真实性在节庆活动中的应用研究。从节庆的展演内容来看，文化的真实与否对于参与节庆的社区居民、演员及游客，已经不再是其追求。在节庆这样的旅游氛围中，展演内容的表演性呈现更能使每一个参与节庆的人获得"真实"的体验，或开心、或享受、或放松，都在节庆这样的狂欢氛围中，进行自我的表演。

# 第 2 章

## 表演性视角下
## 民族节日中的文化表演及认同

民族节日是重要的文化符号，是民族宗教、民俗、饮食、服饰、歌舞及娱乐文化进行集中展演的舞台，是民族集体记忆的载体、共同的精神依托、个性表现和民族身份的体现。作为一种"浓缩的文化物象（encapsulated cultural object）"，民族节日已成为民间狂欢最基本的形式和民间信仰集中"合法"展示的场合，是旅游目的地文化的重要组成部分，东道主和游客在民族节日展演空间中进行交流和互动。在民族节日旅游中，文化表演是民族节日的主要内容和烘托节日氛围的重要形式，是不可或缺的因素，起着重要作用。在过往的研究中，研究主要集中在旅游地的文化表演研究，问题主要集中于文化的真实性、文化的保护和传承、游客对文化的态度等。已有的相关研究旅游地的文化表演实际上是对社会态度和社会协商的展示，文化表演实际上展示了个人和集体对于文化和社会的观念，是一种被展示的交流行为，表演者和参与者共同赋予表演空间于意义。而对节日旅游中的文化表演进行研究，相关的研究成果还比较少，相关研究只是关注商品化民族节日中表演者的文化认同，较少关注传统民族节日旅游中的文化表演及东道主和游客的文化认同。基于现有研究的相对缺失，本章从表演性的视角，研究传统民族节日旅游中的文化表演在构建东道主及游客文化认同的作用及意义。

文化展演作为民族节日的重要组成部分。在节日中，民族文化在东道主和游客的协商和互动中进行表演性的实践，进而以表演的形式呈现在两者面前，民族节日在"主－客"的协商中进行文化的解构、调适和重构。在这一过程中，东道主对本民族的文化进行表演性的生产，进而形成和加深文化认同。而游客在对表演性的民族文化进行消费时，通过表演性的身体化实践，获得多感官体验，进而产生文化认同。文化表演在文化认同中起着决定性的作用。本章以广西三江侗族"多耶节"作为研究载体，聚焦民族节日中东道主和游客的表演，以表演和表演性理论为基础，从主客互动的微观视角出发，探寻表演、表演性与文化认同在东道主和游客之间的呈现特征和互动关系，进而为民族节日旅游中游客的身体表演性实践寻求理论支撑。

## 2.1 相关文献综述

### 2.1.1 表演性

表演性（Performativity），也称为展演性或操演性，在牛津英语词典（OED）里被定义为"被施行的事实或性质"或者是"表演"的事实或品质。其主要包含两层含义，一是相关的表演，表演动作、音乐、仪式等，二是指示或叙述，表示执行或做了什么。从表演性的两层含义来看，在旅游研究中，针对不同的主体，表演性呈现两层意义。第一，文化作为主体，表演性是相对真实性而言的，文化是具有表演性的呈现，表演性是文化能够进行舞台展示的前提和基础，是文化商品化的必要条件。第二，游客体验作为主体，表演性是旅游概念研究的范式转换，强调的是在旅游东道主和游客的互动中，主客双方从凝视到身体、从真实性到表演性、从日常生活习惯的表征到实践的转换，强化了对所做事件的关注。表演性是一种存在，是由主客双方相互转换、协商和建构的结果。在约翰·厄里（John Urry）和乔纳斯·拉森（Jonas Larsen）的《游客的凝视 3.0》（The Tourist Gaze3.0）一书中，提出了旅游研究的表演性转向（performativity turn），认为旅游研究需要新的隐喻，新隐喻需要建立在存在（being）、实践（doing）、触摸（touching）及欣赏（seeing）基础上，强调的是多重感官的体验。表演性转向借用了戈夫曼的表演隐喻，理论化了旅游地的主题化和舞台化特性以及游客身体的肉身性及体现行为，强调游客、导游等是组成旅游舞台表演性的多种主体，游客在对旅游目的地进行消费的同时也在通过他们的旅游实践对目的地进行生产。

### 2.1.2 游客的表演性体验

相对于旅游凝视只注重游客的视觉体验而言，在旅游研究中，表演性转向强调的是身体的多感官体验，包括感情及各种身体器官，游客凝视本质上就是表演。旅游实际上是制造一连串舞台化的事件和空间，涉及一套套表演技术跟配置。旅游中的身体，实际上就是在直接感受"他者"与感官景域之间展示或表演自己。从身体化的角度来看，对旅游中表演性的理解可通过"反思社会结构的决定性和人的能动性之间的关系"得到深化发展。游客通过对他者的凝视产生认同，进而通过身体的物化反应来表演自己。马泰乌奇（Matteucci，2014）通过对佛朗明哥的音乐和舞蹈进行分析，提出了游客身体体验的三个维度，受过训练、善于表达和消费的。其指出，在对音乐和舞蹈进行体验的过程中，演员通过受过训练、善于表达的身体将表演性的文本通过表演的方式展示给游客，而游客要通过自身的身体体验去实践和认识，以建构文化与身份认同。卡尔·斯普拉克伦（Karl Spracklen，2010）等对英国北部旅游节的研究认为，游客参与啤酒节的各种活动，获得的是身心的愉悦体验，啤酒节为他们提供了表演空间。而乔纳斯·拉森（Jonas Larsen，2005）对旅游摄影行为的研究认为，游客的摄影过程行为，是游客在对凝视对象产生认同后，情感的外化表达，是一种情感的表演。除了把旅游摄影当作表演性行为来研究外，卡尔·凯特和保罗·克洛克（Carl Cater and Paul Cloke，2007）指出了寻求刺激的旅游、冒险旅游、探险旅游、漂流、表演旅游等都属于表演性旅游，表演性旅游的重要特征是身体的体验。纳什（Nash，2000）则进一步指出表演性与实践相关，通过实践，我们成为"主体"，富有情感，但又富有表现力，在一个持续发展的世界里与人和事相连。在此意义上，旅游为东道主与游客提供了表演的舞台，"客-我"在旅游场域中实现惯习与自我意识、自反和非自反状态的来回摆动，表演性实展现了旅游场域和旅游主体惯习之间的交互性与动态性，从而模糊了个体目的性和非自反性实践的边界。

### 2.1.3 节日旅游中的主客邂逅

旅游为东道主和游客提供了交往的舞台，在这个舞台上，游客和东道主发生邂逅（host-tourist encounter），产生文化的交流与互动。游客通过凝视民族异质文化来获得旅游体验，文化则成为了游客和东道主进行交往的媒介。过往的研究指出，旅游的发展给少数民族文化带来负面的影响，如文化冲突、文化霸权等。随着旅游的发展，主客双方在旅游的舞台邂逅，通过协商，创造文化认同。在民族节日中，东道主通过表演的形式将本地文化进行舞台再现（staged representation），形成文化景观，吸引游客对他者文化的凝视，游客和东道主对表演景观的凝视和生产会产生不同的文化意义诠释和文化认同，进而会影响到旅游实践。文化是一种符号，具有符号的力量，更是一种认知的标准，文化和认同之间是相互影响和相互建构的。文化认同的形成，是一种不断学习、追求意义的形成过程，是人们分享共同的历史传统、风俗习惯及集体记忆而形成对某一共同体的归属感，既有主流社会的建构，也有地方族群的自我认知。在民族旅游中，旅游地通过文化表演的形式来展现民族文化，使民族文化在现代旅游的影响下实现创新、发展和复兴。可以说，旅游情境下的民族文化表演在商品化和市场化的冲击下发生了一定的变化，对提高民族凝聚力和认同力有一定的影响，但是经过一段时间的文化解构和调适之后，民族文化在复兴中强化了文化认同。古内瓦尔德（Grunewald，2002）对旅游地的印第安文化进行研究，指出在旅游活动中，印第安人通过将传统文化进行舞台化的商业化展示，既强化了民族文化认同，又给民族旅游带来了生机。伍德（Wood，1984）则认为，旅游文化表演在民族文化认同中所起的作用是矛盾而复杂的，一方面，政府加强了对表演文化的干预和管理，另一方面，又为地方文化群体提供了向政府表达不满的新手段。

旅游的发展为民族文化提供了复兴的舞台，民族文化作为旅游表演的重要来源，因其特有的异质性特征，受到游客的欢迎。在民族旅游中，为了迎合游客的需求，东道主往往对民族文化进行了一定的改编，使其更具有舞台表演效果，如巴里人的宗教仪式表演，在表演中实现了民族主义及文化认同的协商。但在表演过程中，有些文化对于族群成员而言，是神圣的，如果过度的开发，使其世俗化，则会伤害到民族感情，进而会影响到民族认同和文化认同，产生认同危机。当前，旅游者对舞台化的民族文化进行凝视消费，是获得民族文化体验的有效途径，在体验的过程中会产生文化的认同。因此，作为东道主而言，对文化的舞台化展示，展示什么？如何展示？都要经过细心的筛选和排练，才能在保护民族禁忌和隐私的基础上进行呈现及表达，才能实现游客及东道主的双重文化认同。因此，旅游中的文化表演是东道主和游客遭遇的媒介，是产生文化认同的桥梁和重要载体。

## 2.2 研究方法

本章主要通过参与观察、深度访谈和文本内容分析三种研究方法，于 2015 年 9 月—2015 年 12 月期间在广西三江侗族自治县进行田野调查，对相关资料进行收集和分析。研究者从每一个节庆都有表演现象这一事实出发，首先对多耶节的筹划、组织、管理及展演等进行深入的参与和体验式观察，注重对多耶节的节事空间、产生的文化背景及所处的社会环境进行观察，并着重关注多耶节文化参演的形式、内容、组织编排、表演时间等表演实践。同时，研究者还收集地方志等相关素材，加深对多耶节相关文化的了解。此外，研究者还对多耶节的利益相关者进行深度访谈，访谈对象包括多耶节的组织者和策划者（三江旅游局相关人员）、开幕式导演、文化表演演员、当地居民及游客，共获得20 个访谈转录。访谈对象包括多耶节中各个利益相关者，具有一定的代表性。访谈的内容主要集中在多耶节的文化变迁、文化表演感知和文化表演认同和影响上，主要内容包括：（1）面对多姿多彩的侗族文化及每年举办的节日，如何对表演的文化进行选择，在不影响文化真实的基础上，使其更具代表性和表演性；（2）东道主如何在节日中参与表演，在表演的过程中，如何产生文化认同；（3）游客在参与节日的过程中，通过对民族文化的凝视消费，在什么样的条件下会产生文化认同，是什么因素驱使游客参与到节目的表演当中。

## 2.3 民族节日旅游的文化表演、表演性体验及文化认同

### 2.3.1 东道主"表演性"文化展演及认同

民族旅游和事件旅游的兴起，使得民族节日作为重要的吸引物在民族地游中发挥重要作用。在旅游的影响下，民族节日的举行不再局限于本民族的自我狂欢，而是演变成了族群成员与游客等多个利益相关者共同参与完成的事件。东道主将民族节日作为重要的旅游资源进行开发和利用。一方面，节日作为民族文化的重要部分，自身得到传承和发展，另一方面也为民族文化特别是歌舞文化提供了展演舞台。可以说，民族节日在民族旅游和民族文化保护中占据重要地位，而在节日中，文化表演成为了丰富节日内容、活跃节日气氛、展示民族文化和提升文化认同的重要手段。为了增强节日的族群凝聚力和旅游吸引力，节日组织者或策划者在设计节日活动时，往往通过表演的形式将民族文化进行"舞台化"的展演，通过表演文化来协商和展示民族、国家和地方认同。正如萨克西安所说的，作为一个被建构的文类（genre），文化表演通过公开展示民族认同，使表演者或观者在思考表演所蕴含的文化多样性时，对国家、民族及文化的认同进行多种建构。

广西三江侗族自治县，素有"百节之乡"的称号。在大大小小的节日中，多耶节每年都会如期上演。多耶节为三江对外展示侗族文化提供了舞台，各种侗族文化在节日舞台上进行展演。作为民族文化的主要组成，节日的举办具有一定的时空要求。如何在节日有限时空中有效的展示侗族文化，成为了东道主面临的问题。在节日中进行文化表演的主要舞台是开幕式和节日中的各种活动，而开幕式是重中之重。节日开幕式是一个重要的仪式，通过仪式宣告节日时空的生成，从而在仪式空间的互动下获得体验和认同。开幕式俨然成为了东道主进行文化展示和表演最重要的仪式空间。在多耶节中，东道主在开幕式上所展示的文化，是在节日组织者的指导下进行选择性的展示，所展示的文化既有代表性，又有表演性，这样的文化才有感染和认同的张力。对于组织者或策划者而言，在节日举办时间确定之后，就下发文件到各个社区，征集开幕式表演的节目，社区居民会根据各自的优势进行节目的排练，然后通过文艺汇演的形式选择具有代表性的节目在开幕式上表演，对于落选开幕式的节目，则在各个分会场的活动中进行表演。因此，节日开幕式所表演的文化是选择性的表演，是经过节日组织者或策划者产生文化认同之后的选择。正如组织者三江旅游局覃A科长（政府人员）所说的：

　　因为开幕式对一个节日来说，非常重要，多耶节也不例外。在多耶节开幕式上表演的节目，不仅代表我们侗族的优秀文化，还要好看，热闹，能烘托节日的气氛。不是什么节目都能在开幕式的舞台上进行表演的，有的节目是我们之前进行文艺汇演之后的获奖节目，有些节目是为多耶节量身打造，请编导编排的。但是编排的节目还是要基于我们侗族的本土文化，经过编排，呈现的节目更美，更好看，也能代表我们的文化。多耶节是我们基于侗族传统打造的旅游节庆，对其文化表演的选择，我们认为能够代表侗族文化，才能登上开幕式的舞台，从而有更好的节日和舞台效果。

　　而社区居民进行节目排练的过程，就是对民族文化进行表演性生产的过程。社区居民在劳作之余进行民族文化的排练，以便在节日中进行表演。而节日组织者还会定期请相关专业人士对社区居民自行排练的节目进行改编、指导，使其在不失去民族文化原真性的基础上更具有表演性，产生表演效果，以达到烘托节日气氛，满足社区居民和游客多重需求。社区居民作为临时的业余演员，在将日常的生活实践进行舞台化的表演时，表达了对传统文化传承的担忧。笔者在对排练《千人纺纱》节目的演员韦 B（当地居民）进行访谈时，她刚排练完，她说：

　　我们侗族妇女就有纺纱的传统，纺纱织布、做侗裙、做侗锦，这就是以前人们的生活，随着经济的发展，现在很多女孩子都不会了，但是旅游的发展，想不到日常生活中干的活，经过排练还能作为节目进行表演，那么多人在一起纺纱，挺好看、挺好玩的。我希望这个传统能一直保持下去。

　　社区居民作为日常生活实践的舞台化表演者，其对文化的认同固然重要。对于专业表演演员来说，其对上演的文化，其认同又是如何呢？在多耶节中，为了达到更好的表演效果，节目中往往有专业演员的参与，有的演员自身不是侗族。但是其对表演的文化还是产生很大的认同。正如在节日活动中进行《踩歌堂》表演的黄 C（专业演员）所认为的：

　　踩歌堂是侗族很神圣的仪式，也是侗族青年男女进行择偶的方式。我们经过编导的改编，将这一仪式在节日舞台上进行表演，虽然我不是侗族人，但是我能感受到仪式的神圣性和侗族青年男女择偶方式的神秘性。

作为多耶节"舞台化"文化表演的利益相关者，组织者、社区居民和专业演员，在对侗族文化进行舞台化选择、表演的过程中，都对所表演的侗族文化产生了认同。通过组织、排练和表演，使他们更加的认同所表演文化的民族性，以及所表演文化的表演性。可以说，对民族文化的舞台化表演，实际上就是在现代性下赋予民族文化表演性，使其产生更大的文化认同影响力。

### 2.3.2 游客表演性体验及文化认同

厄里（Urry）在其《游客的凝视3.0》中指出，游客凝视本质上就是表演，除了视觉的体验外，游客动用各种器官来体验地方。一方面，视觉在赋予旅游实践和表演独特性格；另一方面，游客的身体在直接感受他者与感官景域的过程中展示和表演自己。游客在对文化表演进行凝视消费而产生文化认同时，其所呈现出来的身体表演性体验主要体现在摄影或摄像、鼓掌或哼歌及节目参与等。

摄影或摄像是游客对被凝视物体产生认同和建构意义过程，是一种身体化的凝视。由于节日或节日文化表演具有现场性的特征。游客在观看表演时，会用相机或摄像机将现场性的表演记录下来，作为日后进行自我展演的资本。文化表演为民族节日增添了热闹、欢乐的气氛，游客在节日气氛的影响下，对文化表演进行凝视。作为流动的凝视景观，呈现给游客的是一幅壮观的民族音画，上演的民族音乐、民族服饰、民族舞蹈等成为了游客表演性体验的对象。在体验的过程中，游客会用相机进行拍照或是用录像机进行录像，或是在节目演出后和穿着演出服装的演员进行合影，有的游客还会穿上当地的民族服饰进行拍照留念。在这一过程中，游客完成从凝视主体到表演主体的转换。在整个过程中，游客对侗族文化产生认同时，其所体现出来的行为是一种表演性的体验行为，其做的不仅仅是对文化进行再现，还呈现出对文化及身份的认同，正如游客李D（柳州人）所说的：

刚才看的演出，实在是太好看了，特别是他们吹芦笙、跳多耶的时候，能感受到他们的生活过得很幸福。而且侗族的民族服装很好看，音乐也很好听，在其他地方很难看到这样的大型的表演了，所以我在那里一直在拍照，一直在录像，回去以后再慢慢的欣赏。而且侗族非常的热情，表演结束还和台下的观众、游客进行了积极的互动，我还和他们合影了，还穿上了他们的演出服，仿佛这时候我就是侗族，我就是侗家人，明年我还会来参加多耶节。

鼓掌或哼歌是游客在进行文化表演消费是所体现出来的另一种表演性体验。在文化表演的氛围影响下，对节目所表演的文化，游客觉得好看、好听的，往往会跟着节目的音乐节拍鼓掌或是跟着音乐的旋律进行哼歌。通过鼓掌或哼歌的方式来获取超越视觉体验之外的身体体验。不同于旅游中流动的身体，文化表演中的游客作为一个文化表演的凝视者，其身体是固定，必须坐在固定的位置凝视舞台上流动的景观。因此，在对所凝视的表演文化产生共鸣或认同时，游客往往通过鼓掌或哼歌的方式来表达自己所获得的体验，其表达出来的行为也是异于惯常的表演性行为。如游客王E（南宁人）所说：

坐在台下看演出，看到自己感兴趣，我会跟着节奏进行鼓掌，以表示对台上演员的鼓励，同时听到好听或自己熟悉的歌曲及旋律，我会跟着哼，这也是观看表演最有意思的地方。

而在多耶节中，为了加深游客对侗族文化的印象，也为了塑造侗族热情好客及能歌善舞的民族形象，节日举办过程中都会设计各种各样的节目和活动，吸引游客的参与，实现游客和表演者的互动，加深游客的旅游体验。多耶节节日现场为游客提供了多样化的身体表演空间。这些表演的舞台虽然经东道主进行过表演性的设计，但是随着参与人的不同，其所呈现出来的表演符号随之进行生产。此刻的游客作为表演者，是能动性塑造自我、表达情感和进行身体文化实践的产物，并最终同表演者及物质空间一起完成了一场即兴的现场表演。

游客的参与表演是节日活动中非正式的表演。他们没有像表演者一样，进行精心的化妆、穿上华丽的演出服装，没有经过正式的排练和彩排，只是在观看表演的过程中，在表演者的热情邀请下，处于对文化表演及传统民俗或是怀旧文化的体验，参与到节目或活动的表演休验中，在参与中，完成了从游客到表演者的身份转换，从凝视者成为表演者，成为了被凝视者，这一身份主体的转换，使他们能够自由地参与到各种表演节目或节日活动中，向"他者"展示自己表演者的身份，进而实现对民族文化的深刻体验和认同，如游客王F（广东人）和李G（广东人）所说的：

参与在大型歌舞"多耶"节目当中，简直是太好玩了，以前自己都没跳过舞，这回来参加多耶节，一下子就被节目的演员拉进来参与了，开始还挺含羞的，自己不会跳。但是在歌舞演员的带领下，隔着音乐，双手摆起来，双腿跳起来，一下子就会了，也一下子融入到了整个舞蹈当中，现在全身心都挺舒服的，意犹未尽的。难怪都说侗族的多耶是侗族的大型集体舞蹈，没来之前都没感受到，到了现场并参与到表演当中，终于体验到了，太爽了。——游客王 F（广东人）

以前在老家也通过这种方式来做糍粑，今天在节日现场看到有做糍粑表演，我也想回味一下小时候跟在大人周围做糍粑的感觉，我就加入到他们当中了，和他们一起舂糯米、包糍粑，一下子就找到了小时候的感觉，有了回家的感觉，挺好的。——游客李 G（广东人）

民族节日的文化表演或者节日活动，给游客的身体化表演提供了舞台。不论是摄影或摄像、鼓掌或哼歌、还是节目参与，实际都是游客的身体体验。在表演或活动现场，游客完全融入到表演和活动当中，其所体现出来的自我状态的身体行为更是一种对文化消费认同后的个体表达，是游客与自我、东道主、环境及时空的对话，表演的现场性及参与的即兴性更加强调了游客的参与体验。游客在少数民族自我狂欢的节日中，通过表演或活动的参与，更是呈现出独有的极致的身体表演，将自身的身体体验进行外化的表演性展示，从而达到文化及身份的表演性认同。

### 2.3.3 文化表演、表演性体验及文化认同的协商

民族节日为民族地的旅游和文化发展提供了新途径，通过举办民族节日，可以促进旅游经济的发展和文化的认同。在节日中，节日旅游地东道主通过表演的方式，将民族宗教、民俗、风俗、歌舞及生产生活等文化，通过编排、创作等方式，赋予其表演性，从而在节日旅游舞台上以表演的方式进行呈现。对于东道主（组织者、居民及表演者）来说，其在参与文化编创和表演的过程中，其是浅层认同的基础上参与文化表演，通过表演，获得更大的认同，从而把对民族文化的浅层认同向深层认同过渡，这一过程中，文化表演是桥梁和载体。通过这样的方式，民族传统文化可以得到传承和发展，而节日中所创作的文化表演节目，则是基于真实性的文化进行表演新的创出，可以说，表演性的真实文化能给文化表演相关者更深的认同。

当然，当前的民族节日已经不是单纯的本族群成员自娱自乐的节日，在旅游影响下，其被赋予了更多的功能和价值，节日已经发展为民族旅游地重要的吸引物。为了彰显节日的旅游价值，满足游客对民族异质文化的体验需求，节日旅游中的文化表演除了要丰富节日内容和烘托节日氛围外，更要满足游客的体验需求，因此，

在节日中所表演的文化，是东道主在与游客的互动性进行的选择性协商的结果，其对所展演的文化进行了表演性的真实创作。而对于游客而言，此时所凝视的表演文化，已经超越了文化的真实本身，变成了烘托节日气氛的工具，游客在节日气氛的影响，更注重的是身心的多重体验。因此，在文化表演的凝视消费中，游客在对文化产生认同的基础上，进行身体化的实践，如摄影、摄像、鼓掌、哼歌、参与演出等等，来获得身体的多感官体验，呈现出多重的表演性行为。可以说，此时的文化表演是游客进行表演性体验呈现的基础，而认同则是关键。

正如多耶节开幕式的导演、三江《坐妹》艺术团团长所说的：

我们所表演的节目是对我们侗族优秀文化的提炼、创作和表演，使其能够在开幕式中更好地展现侗族文化，同时为了让大家更好的进行文化的体验，更好地融合到节庆的氛围中，我们在表演当中设计了很多观众及游客参与的节目，使他们在观看的同时更能亲身感受到侗族文化的魅力和侗族人民的人情。在整个节目开幕式的筹备过程中，我们也会借鉴往届的经验，对观众及游客反映较好的节目，我们在做了一定保留的基础上再进行改进和创编，使其具有更好的表演效果。在节目编排中，参与的演员都非常的认同所表演的节目，排练的积极性很高。同时，在表演过程中，我们所设计的游客参与环节，游客都积极的参与其中，互动效果非常的好。

东道主及游客在节日旅游所呈现的表演、表演性及文化认同的关系，是一种相互影响和相互建构的关系，彼此之间紧紧相扣。在节日旅游文化表演的场域下，两者之间可以脱离舞台的界限，实现身份的转换（图 2-1）。

## 2.4 结论与讨论

本章认为民族节日旅游为民族文化展演和游客文化体验提供了舞台，表演性成为了东道主文化展示与游客身体实践的理论基础。东道主通过赋予民族文化表演性，使其在节日旅游舞台上进行展演，增强族群成员的文化认同。游客在观看和参与表演性文化的过程中，产生对民族异质文化的体验和认同。游客的身份在与东道主的文化互动中发生改变，节日旅游地的文化与表演景观也受到影响，文化表演成为了东道主和游客进行表演性建构的媒介。文章以广西三江侗族多耶节为例，关注旅游影响下民族节日中东道主和游客对表演性及文化认同的诠释。

首先，研究发现，侗族作为一个能歌善舞的民族，保存着丰富的民族文化，这为民族节日旅游的文化表演提供了丰富的素材，但并不是所有的民族文化都能照搬不动的在节日的舞台上进行展演。在节日旅游中，东道主为了更好地展示本民族的文化，增加旅游吸引力，满足游客的体验需求，其从自身的文化出发，通过对文化进行舞台化的创作、加工及改变，使其富有表演性，更适合在舞台上进行表演，也更能增强舞台效果和营造节日气氛。在这样的表演性编排和创作下，传统文化就适合在节日舞台上进行表演和传播，如侗族日常生活中的打油茶、做糍粑、织布纺纱等。这些侗族人民日常的生活场景，经过专业人员的编创，被从生活场景的再现搬到节日旅游展演的舞台，向族群和外来游客进行展示。而作为这部分节目的表演者——社区居民而言，其身份从居民到演员的转换，更加深了对本民族文化的认识和认同，有助于民族文化的传承和发展。

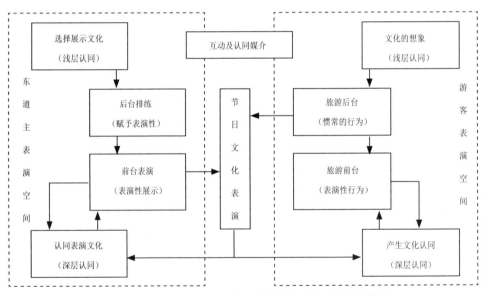

图 2-1　东道主、游客的表演、表演性及文化认同关系模型

其次，表演性的文化为游客进行身体的多感官体验提供时机。在民族节日旅游中，游客通过观看和参与文化表演，来获得视觉及听觉、嗅觉等身体的多感官体验，这也正符合了前文所提的旅游研究的表演性转向。游客通过观看东道主所精心设计的文化表演时，已经不再单纯的满足于视觉的享受，而是受节日氛围的影响，积极的参与到节目和活动中，通过身体化的实践来获得身体的多感官体验。游客在参与

文化表演的过程中，实现从游客身份到表演者身份的转换，在身份转换的过程中，形成和加深文化认同。而东道主和游客在节日旅游舞台中所实现的文化认同，更有利于少数民族文化的传承和发展，使得地方居民更加注重对本民族文化的保护，在旅游对民族文化影响越来越大的形势下，本章对民族节日旅游中的文化表演及文化认同研究，具有一定的贡献。

最后，研究指出文化表演是东道主和游客产生文化认同的媒介，而表演性是展示和体验的前提。在过往的研究中，大部分学者关注民族旅游中文化的真实性，关注游客对文化的真实性体验，强调游客的旅游视觉凝视。文章从表演性的视角出发，遵循旅游研究概念的表演性转向，指出文化的表演性呈现和游客的身体多感官体验，为旅游文化与旅游体验的研究提供了新的理论视角。在游客对身体的多感官体验需求的背景下，表演性（performativity）为我们提供了相关理论。东道主通过给民族文化赋予表演性，使其更好地进行表演，获得传承和发展。游客作为旅游地的他者，通过表演性的身体实践，获得多感官的体验。本章通过对东道主表演性文化及游客表演性身体体验的现象诠释，为民族节日旅游、文化表演研究、文化认同研究及游客体验研究提供了有益的研究视角。

# 第 3 章

## 节事阈限中的身份与符号

迷笛音乐节 2000 年首次在北京举办，是中国首个由政府文化管理部门批准为"节"、由民间机构举办的文化活动，被业内期望为中国的"伍德斯托克"。它作为一个现代节庆，消费者遍布改革开放以来出生的青年。20 世纪 80 年代是中国理想主义的十年，80 年代 90 年代末是寻找信仰和寻找启蒙的年代，90 年代是经济体制改革和商业文化、产业成长的年代，21 世纪初是互联网经济和全球化不断扩张的年代，而伴随改革开放成长起来的三代青年都曾被赋予诸多标签和讨论，但这些青年按照自己的方式在舆论和媒体的质疑和期盼中逐渐成为社会的中坚消费力量，是时代中活生生的普通历史文本基因载体。迷笛音乐节作为根植于本土文化的外来节日，其发展历程就是中国青年对于改革开放进入中国所产生社会价值变迁的思索和成长。本章以迷笛音乐节为切入点，通过对改革开放三十年中出生的三代迷笛音乐节消费者的相关资料进行研究，思考他们的身份印记传承和表征变迁，以及在消费中所呈现的消费符号与需求的异同。

## 3.1 相关文献综述

### 3.1.1 身份与符号

符号学源于索绪尔（Ferdinand de Saussure）和巴尔特（Barthes），致力于弄清语言和意指（语言中各种符号的使用）的运作如何产生意义。索绪尔对符号的贡献主要是语言学研究，巴尔特则将符号从语言层次转向较宽泛的文化层次，他提出"能指"和"意指"，能指即实际的事物，"意指"即在头脑中引发的相应的概念，能指和意指间需要靠语言信码，即符号来进行联系。另一种是福柯的观点，他致力于弄清话语和话语实践生产知识的方法。将符号学引入旅游的是麦坎内尔（MacCannel，1999），他认为标志、景物和旅游者构成旅游吸引物符号，而刘（Lau，2011）将旅游标志符号的研究转向旅游吸引物的文化符号，指出与战争有关的历史景区，旅游者真正感兴趣的是历史事件而非旅游标志。兰德尔·柯林斯（Randall Collins，2009）提出了互动仪式链，他认为仪式是一种相互关注的情感和关注机制，它在仪式中所达到的共情，会形成群体团结和群体成员性符号。国内学者也有部分从符号的角度研究旅游，丁雨莲，陆林（2006）对文化休闲旅游符号进行了思考，陈岗（2012）将巴尔特的语言双层表意结构引入旅游，认为符号的双层表意结构揭示了旅游体验过程中旅游者对不同类型旅游吸引物符号的能指（旅游客体）和所指（旅游者心理或行为模式）的不同期待。白凯，孙天宇和谢雪梅（2008）认为旅游目的地形象是典型的标志化符号，它用特殊设计过的文字或图形组成来表达旅游目的地的特定含义，提出旅游目的地形象符号隐喻关联的假设。

国内外学者从旅游的角度将符号和身份联系起来研究的较少，国外学者关于旅游中身份的研究主要有文化身份的认同、身份和社区的关系和社会身份几个方面。文化身份的认同方面，奈特（Light，2001）思考了社会主义和后社会主义的背景下，与国家文化和政治身份认同不一致的旅游政府应如何管理；亨特（Hunter，2001）探讨原住民旅游中居民的文化身份表征的问题，认为在实践中旅游表征的起源、机制和影响并不容易识别；格扎勒兹（Gonzalez，2008）旨在思考旅游存在和个人身份之间的关系，认为全球化的影响、社会的复杂化和传统界限的弱化使得旅游区过去的身份和当地地方之间的联络逐渐消失；身份和社区的关系方面，瑞兹和赫奈德兹（Ruiz Ballesteros，Hernandez，2007）在社会身份之外特别强调了社区身份对遗产旅游的影响；古和艾延（Gu，Ryan，2008）以北京胡同为案例，认为对潜在的就业、居住的年限和被旅游所打扰的感知都对地方身份认同感有影响；社会身份方面，霍莱克和布朗等（Hallak，Brown，et al，2012）考察了地方身份、企业家自我效能和旅游社区的支持对中小企业企业家绩效的影响；奈库和格索（Nunkoo，Gursoy，2010）从身份的视角思考居民对旅游的支持情况，指出资源占有型、环境和性别的身份对旅游支持有直接的影响，但可能并不总是影响态度。国内关于旅游中身份的研究除彭丹（2008）从地位、身份、角色和行为 4 个方面剖析了旅游者、旅游目的地居民和旅游从业者的象征符号外，多集中于"身份认同"，陈奕滨（2012）思考了旅游发展与少数民族职业女性的身份认同；杜芳娟，陈晓亮（2011）对仡佬族祭祖活动的景观符号的象征意义和表征意义重新解读，思考民族文化重构实践中的身份和地方认同；魏雷，朱竑（2011）从摩梭男性文化身份构建的视角，借助对摩梭人的访谈和网络文本的分析，认为摩梭男性与女游客的婚恋关系是摩梭文化与主流文化交互、网络话语误读与旅游行为互动等方面共同作用的产物。

### 3.1.2 什么是阈限、为什么音乐节庆是一种阈限

20 世纪初，阿诺尔德·范热内普（Arnold Van Gennep，1908）将阈限引入人类学，认为是"伴随每一次地点（状况）、社会地位，以及年龄的改变而举行的仪式"，以"成年礼"和"结婚仪式"为例，这些仪式有三个阶段：分离阶段，

阈限阶段和重新进入阶段。20 世纪 60 年代后期，特纳（Turner，1969）发展和深化了范热内普的阈限概念，认为阈限性具有时间和空间的独特性，处于阈限阶段中的个人身份在社会和结构的意义上都是模糊的，隐含了一种抵抗社会结构的可能性和开放性，比如个人的身份和地位可能在这个空间中发生象征性的变化。盖茨（Getz，2007）在《Event Study》中指出，节事旅游核心在于阈限体验，阈限是一个在特定空间中超越时间的区域，人在节事阈限中等级和社会地位改变，角色和行为可以发生颠倒和逆转，同时在这个过程中更加轻松、不受约束和容易接受新观念。国内戴光全、张骁鸣（2011）认为"仪式"与"庆典"两个概念有太多交叉，阈限是在社会中由仪式构建出来的某种个人状态与另一种状态间的"模棱两可"；马凌（2010）认为节事阈限的体验主要表现在集体性的狂欢仪式、释放和宣泄日常生活中的烦恼与压力、超越与颠倒日常行为规范、角色的自我更新，游客关系在活动中进入平等、真实和自然的交融状态。

迷笛音乐节的消费者普遍认为音乐节的三天是和"过去"日常中琐碎、平庸、冷漠与无聊截然不同，在这个节日里，社会地位变得模糊，人和人之间崇尚平等、快乐。在这个空间里，不同的消费者超越日常的社会等级和行为规范，在音乐的狂欢中巩固内心对自我存在的认知，寻找各自的身份认同。音乐节结束后，消费者经过心理和身体的释放与宣泄，重返构建于普通社会的日常生活。因此，本章认为音乐节事是日常生活中的过渡，消费者在音乐节事中超越日常的社会角色和行为规范的限制，进入真实、自然和平等的状态，是节事阈限要素的主要体现。

## 3.2 研究方法

文章资料主要来自网络搜索整理的三代迷笛消费者相关文本、图片和视频资料，搜索所得数目均以资料得到饱和停止。资料饱和后，将所得案例与发帖者进行年龄确认进行代际分类，各代际消费者分别得到有效文本案例 11 份、12 份和 16 份，图片记录 60 张，消费者迷笛节庆经历视频 5 个，摇滚纪录片 3 个。

接着采用 Nvivo8 软件，将搜集到的网络文本、图片和视频资料导入软件分别建立相应案例库，通过软件阅读和开放性编码整理。编码所采用的方式如下：

NW7001，NP7001，NV7001：NW 表示文本编号，NP 表示图片编号，NV 表示视频和纪录片编号，70 表示代际，01 表示第 1 个文本案例。

文本编码，例：NW9006，关于消费符号的编码：迷笛之行"我真真切切感觉到了"（编码：体验）除了音乐以外其他都是形式的不必要的，"只要喜欢音乐，长相年龄身高身份地位权力国籍抛开一边"（编码：开放的心态），"你走着走着可以随意躺下，感受让沙子在你耳边跃动"（编码：休憩），"你可以随时尖叫大喊，肆意和恋人来个深情一吻，你可以帐篷顶上晾 bra，大半夜弹吉他唱喜欢的歌"（编码：娱乐）。没有人会用异样的眼光望着你（编码：与众不同），在音乐面前，"我们自由的魂灵无拘无束"（编码：自由）。

图片和视频的编码采取阅读的方式，以节段进行考察进行编码。比如：NP8006"波西米亚的女青年的照片"编码为浪漫化，NP9003 代际"莫西干头和一大堆钉子的朋克"的照片编码为"时尚、自我"，纪录片中 NV7001"三五个铁托坐着 16 个小时的火车硬座，唱着歌儿只为了赶赴属于他们自己心中节日"编码为"激情"，NV7003 纪录片中"有人说'就像老崔说的中国摇滚乐像一把刀子'"编码为"批判"。编码完后将不同代际的编码归属加入到前面的文本案例编码，综合进行分析。

## 3.3 时代转移下的印记传承与身份表征变迁

文章使用 Nvivo8 分别对三代迷笛音乐节的消费者项目编码后，通过搜索编码"关键词"，选取其中具有代表意义的符码，得到不同代际的印记传承和身份表征情况具体如表 3-1(a)、表 3-1(b) 所示。若依循巴特尔的符号学思考，那么文章中编码所对应的文本原文即以描述性为主的"能指"，而编码后所得的符号即所考察的"意指"，这些意指不再是原初的对实物的描述，而加入社会意识进行界定。从表 3-1(a) 中相同的印记传承中可以看到，迷笛构建了一个"乌托邦""青春""理想""狂欢"的阈限，这个阈限区别于日常生活，人在这个节庆的阈限中变得更加轻松，超越和颠倒了日常生活中的感受。同时与表 3-1(b) 中的不同代际的身份表征所不同的是，这些印记传承属于参与音乐节的不同代际中青年的共性，这些共性源于他们对理想生活追求的共同特点。然而在这些共同符号下，不同时代青年身份的表征又包涵着文化的差异，即相同符号对应着不同的表征，也就是说作为青年他们对于音乐节的印记传承中仍有如表 3-1(a) 所示的共同青年特质符号，只是这些特质背后是表 3-1(b) 中不同的文化理念的身份表征。

表 3-1（a）　不同代际迷笛消费者印记传承与所对应的阈限构建

| 代际 | 印记传承中的共同要素 | 迷笛建构的阈限 |
| --- | --- | --- |
| 70 年代出生的消费者 | 年轻人、乌托邦、青春、理想、狂欢、快乐、自由、兴奋、纯粹 | 乌托邦——区别于日常生活的理想世界（真实、自由、纯粹、快乐）青春、理想——不同的身份来到这个节日所传达的理想映射都变得青春，颠倒日常生活中真实年龄感受 |
| 80 年代出生的消费者 | | |
| 90 年代出生的消费者 | | 狂欢——荷尔蒙、压抑和不满通过呐喊、Pogo、兴奋和奇异装饰区别于日常生活得到宣泄 |

　　同时，不同代际的迷笛消费者的身份表征的对比呈现了不同代际的迷笛消费者身份印记传承中的变迁，从表 3-1（b）中不同代际的迷笛消费者的身份表征变迁可以看到，消费者从追寻文化理想走向生活理想，逐渐转变为寻求自我实现。为何相同的符号下会出现差异如此之大的迷笛消费者中三代青年身份的不同表征呢？我们可从改革开放 30 年的三个代际的青年成长的时代背景和身份特征中窥见一斑，其情况具体如表 3-2 所示。改革开放以来，迷笛音乐节的主打产品"摇滚乐"自 1970 年代以诗化或充满力量与反思精神的音乐启蒙，最早在国内以精神偶像的形式被推向神坛，其艺术性的特质也注定某种程度上其受众会是对环境的感知能力最敏感的青年消费者群类。

表 3-1（b）　不同代际迷笛消费者的身份表征的变迁

| 代际 | 身份表征 | 特点 |
| --- | --- | --- |
| 1970 年代出生的消费者 | 文化、批判、呐喊、激情、冒险、艰忍、前卫、坚持、寻求、愤怒 | 追寻文化理想 |
| 1980 年代出生的消费者 | 迷惘、变化、冲击、困惑、死磕、叛逆、破旧求新、酷、浪漫化 | 追寻生活理想 |
| 1990 年代出生的消费者 | 新奇、开放、尝试、自我、融合、休憩、时尚、世俗化、全球化 | 追寻自我实现 |

　　从表 3-2 中不同代际的青年身份特征，可以看到表 3-1（b）迷笛消费者的身份表征正是各时代背景下的青年身份具象化的表现。1970 年代后的青年在改革开放的

第一个十年接受的是意识形态以精神激励为主的理想主义教育，却直面改革开放进入实质性阶段的生存环境，经济市场的社会变化瞬间冲击了所有的传统思维。国家1993年提出"效率优先，兼顾公平"的原则，但制度的不完善导致约束的空缺，国家内部民众的阶层以及贫富分化现象愈演愈烈，从表3-3所示的基尼系数可以一见端倪，因此这个代际的青年社会文化生活充满对时代文化剖析和反思的批判精神。同时1970年代出生的迷笛消费者是国内最早接触西方摇滚文化的一代，摇滚文化中的批判精神，对社会的反思和呐喊迅速俘获了这批在现实生活中精神话语缺失的青年，他们其中一部分充满激情的成为将摇滚文化本土化的一员，另一部分则成为摇滚文化本土化后的坚定拥护者，这群人就是迷笛音乐节的第一代消费者。不公平的呐喊来自于社会的焦灼感，摇滚音乐自此成为青年话语权的表征。1980年代出生的青年处于市场经济初期由封闭走向开放的时代，经历着市场经济的条件下体制改革未同步带来的各种弊病，面临国人的欲望从压抑到起飞，情感都被媒体物化的社会环境，因此1980年代出生的迷笛消费者面在现实中备受冲击又充满困惑，叛逆、死磕，希望破旧求新。同时80后的出生恰逢计划生育在中国开始推行，所滋生出的孤独感也强化了多为独生子女的80后迷笛消费者对浪漫化的期待。而互联网经济中成长起来的90后入社会则更自信和多元化，在相对功利主义的利己消费环境中成长，接受全球化和国际化的洗礼，适应市场经济的步调，创业、金钱的成功对他们都并非遥远的词汇。他们的父辈也不再是饱受贫穷和战争的一代，被抚养的阶段里不再承载太多沉重的责任。因此，这一代的迷笛消费者崇尚新奇、自我，对摇滚音乐节日拥有更开放的心态，多以休憩和尝试为主，从中寻求更多的时尚感和国际化文化的认同感。

表3-2　改革开放后三个代际的青年成长的时代背景和身份特征概况

| 时间 | 时代背景 | 身份特征 |
|---|---|---|
| 1970年代出生的消费者的成长期（1980—1990年） | 1978—1989年是改革开放的第一个阶段，结束文革，从广场政治重返世俗生活，摆脱计划经济，建立非计划经济。但对市场经济持徘徊态度 | 是最后的一代受理想主义教育长大的青年 |
| 1980年代出生的消费者的成长期（1990—2000） | 1992年"南方谈话"后，"市场经济"写入十四大文件，经济体制改革加大，但体制改革并未同步，利益主体格局理性化，收入分配的差距加大 | 是过渡阶段初期成长中由封闭走向开放的一代 |
| 1990年代出生的消费者的成长期（2000—2010年） | 经济快速增长，GDP连续十年增速超过7%。互联网经济的飞速发展，社会经济的整体水平提升，提出扩大消费，但社会两极分化和拜金思想严重 | 是全球化背景下更自信和多元化的一代 |

表3-3  改革开放后的基尼系数概况

| 年份 | 农村居民基尼系数 | 城镇居民基尼系数 | 总体居民基尼系数 |
|---|---|---|---|
| 1981 | 0.2406 | 0.150 | 0.2635 |
| 1991 | 0.3072 | 0.240 | 0.3690 |
| 2001 | 0.3387 | 0.301 | 0.4185 |
| 2006 | 0.4350 | 0.452 | 0.4960 |
| 2010 | 0.6000 | 0.560 | 0.6100 |

1.1981—2001 年数据：许永兵.消费行为和经济增长 [M].北京：中国社会科学出版社,2007.

2.2006 年数据：汝信，陆学艺.2007 年：中国社会形势分析和预测 [M].北京：社会科学文献出版社,2007.

3.2010 年数据：西南财经大学中国家庭金融调查与研究中心发布的《中国家庭金融调查报告》.

## 3.4 不同代际的消费符号映射

不同的消费者的身份表征对应着不同的消费符号。既然不同代际消费者的身份表征各不相同，那么他们在迷笛音乐节中寻求的消费目的又会是怎样呢？采取和前文相同的形式编码和提取方式，得到不同代际消费者的消费符号的异同具体如表3-4所示。消费符号的不同方面，逐渐步入中年的70后消费者部分认为通过参与迷笛音乐节可以重返青年时的热情，也有部分铁托基于对曾经内心神坛的惯性呵护，在物欲时代提醒自己不忘初衷，同时是对自我生活的反思。80后迷笛消费者面对工作、住房和竞争的压力，但对变化和压力的态度与 1970 年代生人青年时期的愤怒相比更坦然，剧变中小人物对时代改变的力量之弱小带给他们强烈的自嘲精神，因此在压力中更渴望在音乐中感受鼓舞，音乐节之于他们是一个释放的空间。如 NW8011（2010 年）说：

本来以为这次去迷笛是十拿九稳的事，哪知道领导非要提前放我们假，5•1 的假期看来是打水漂了！我妥协了，我不想吵也不想闹，但是当我深夜躺在床上的时候，我仔细地想，我已经活了 22 年了，我努力地想在家做一个好儿子，在单位做一个好员工！可是他们对我都不满意，他们觉得我想法太多不是一个安分守己的人！所以我为了让他们满意，我一次次向他们妥协！在家我向父母妥协！在单位我向领导妥协！可事事妥协给我带来了什么！！大好的发展机遇白白地浪费掉了！一次次把想去的地方放弃了！带给我的只有后悔！也许我骨子里，不是一个摇滚的人！也许我喜欢摇滚仅仅是因为内心太压抑了！我也许是一个懦弱的人！可是这次我不准备妥协，我要做一回我自己！……但是这次我一定要走下去，不只是因为迷笛！我今天一个人的时候内心也产生了动摇，我问自己，这么做到底值不值！后来我想明白了，选择本无所谓正确或错误，就像一个硬币的正反面，只是看看哪一面在你心里更重，我，选择了迷笛！我困惑、抗争和妥协都要付出代价，人活着是应该抗争还是妥协！？

表 3-4　不同代际在迷笛音乐节中的需求情况和消费符号的异同

| 代际 | 消费符号中的不同 | 消费符号中的共同要素 | 占当代全部青年的比例 | 对物质环境体验的需求程度 | 对精神体验的需求程度 |
|---|---|---|---|---|---|
| 1970 年代出生的消费者 | 怀旧、反思、神坛、呵护 | 聚会、交友、参与、音乐、摇滚乐、体验、身份认同 | 很少 | 较低 | 高 |
| 1980 年代出生的消费者 | 释放、在路上、浪漫、陪伴、鼓舞 | | 少 | 一般 | 较高 |
| 1990 年代出生的消费者 | 休憩、娱乐、新鲜、分享、与众不同、炫耀 | | 一般 | 较高 | 较高 |

　　NW8011 的文本充分表达了 80 后迷笛消费者在现实生活中的压力和困惑，但当他们在阈限中狂欢和释放后，会得到如表 3-1(a) 中所表征的自由、快乐，然后能重归现实生活的规则，而期待非日常空间节事所带来的浪漫化和陪伴则源于现实中婚恋市场的物化以及独生子女的孤独感。娱乐对 90 后出生的迷笛消费者已成为基本的生活方式，同时同质向异质社会的变迁，弹性多样的文化传递使得他们更喜欢追求与众不同，迷笛音乐节 90 后的图片中个性化服装和发型随处可见，而全球化与互联网经济影响使他们与世界的潮流和趋势更接近，甚至是同步，因此也更喜欢新鲜，敢于尝试。另外实用主义、功利主义的思潮蔓延，大部分的 90 后迷笛消费者较之其他也更喜欢把自己参与的照片在各大社交网站和空间晒出来，用来分享和炫耀。迷笛音乐节不同代际消费者的消费符号变化可以看出这个节日其实是一种贵族精神渗透小资产阶级受众，再向大众化渗透的过程。此外，他们在消费符号中也表现了很多的共同点，聚会和交友是消费迷笛音乐节中除音乐之外得到的最大附加体验，对摇滚乐的喜爱会计他们之间迅速得到身份认同，以标识与肤浅娱乐划开界限。

　　消费者的体验主要在于物质环境的体验和精神需求的体验，研究发现不同代际的消费者对此需求也不尽相同，具体如上表 3-4 所示。社会物质水平的发展和时代发展中娱乐和放松方式的多元化，消费者对于音乐节物质环境体验的需求程度越来越高，90后的消费者更加理性，不像70后的消费者因惯性呵护心理的存在对商业运营的安排不周具有包容精神，对精神体验的需求程度也逐渐走向大众化，因此运营商除秉承对音乐节音乐质量的坚持外，也应加强对音乐节场地和舞台设施规范化的沟通和安排，管理好节事公共服务中区域导示、指示牌以及交通方面的整体运作，以及电子信息技术在服务和数据整合中的运用。

## 3.5 讨论与不足

　　文章将搜索整理的三代迷笛消费者相关文本、图片和视频资料，通过内容分析法，从身份的角度得到改革开放中出生的三代迷笛消费者所对应的符号表征及其符号所存在的原因，研究得到的主要结论如下：第一，不同代际的迷笛消费者印记传承中研究所得到的相同符号，构建了一个"乌托邦""青春""理想""狂欢"的阈限，这个阈限区别于日常生活，人在这个节庆的阈限中变得更加轻松，超越和颠倒了日常生活中的感受；第二，不同代际的迷笛消费者的身份表征逐渐从追寻文化理想走向生活理想，逐渐转变为寻求自我实现，代际的身份表征变迁正是时代经济政治发展的历史烙印，是其不同代际的迷笛消费者选择迷笛的消费元点，同时也是各时代背景下的青年身份具象化的表现；第三，不同代际的消费者在迷笛音乐节的消费中所承载的消费符号，是他们的消费动机和消费意义诉求所在，其消费需求的变化也应得到重视。另外，该研究还未加入深入的消费者访谈和现场的深度观察，属于进入案例地的前期定性研究，以后的研究可以考虑深入案例进行田野调查后，用定性和定量的方法相结合，进行深度研究。

# 第 4 章

# 节事活动中的游客互动研究

对于节事游客而言，节事体验作为超越日常生活的阈限体验，具有"一生一次"（Once in Lifetime）的独特意义（Getz，2012）。节事活动中个体作为游客群体中的一员，在其共享的时间及空间内无法脱离"人"与"人"之间的社会关系（彭丹，2013）。因此，节事体验本质上就是一种社会体验，为参与者提供了与其他具有相同动机或者兴趣的人相聚并且互动的机会（Levy，2010）。这种游客间互动行为对游客的节事活动的旅游体验产生重要影响。

随着服务经济的增长以及消费升级的推动，越来越多的学者开始关注服务情境中的顾客间互动。研究发现零售业、休闲与酒店业、乘客运输业以及教育业等服务产业都存在丰富的顾客间互动的行为（Nicholls，2010）。消费者作为环境中的一部分，通过特定的人际关系直接或者间接影响其他个体，并对消费者的认知和体验产生巨大影响（Martin，1996）。实际上，对于高服务接触行业来说，顾客间互动是影响体验价值的重要因素之一。

在旅游过程中游客无法离开与他人的互动，并且因此建构出各种社会关系，这些社会关系的产生影响着游客的体验质量（蒋婷和胡正明，2011）。皮尔斯（Pearce，2005）认为，影响旅游体验的社会关系在于游客和当地居民间的互动，游客和服务人员间的互动，游客间的互动。以往的研究更多关注的是前两种互动类型，鲜少对游客间互动进行深入讨论。而游客间互动作为旅游体验的必须要素（Huang and Hsu，2010），对游客的认知以及情绪体验存在显著影响（彭丹，2013）。近年研究者逐渐关注旅游情境中的顾客间互动现象，现有研究表明游客间的沟通与互动，有助于降低游客在陌生环境中的无助和不安全感，提高其认知评价（Harris and Baron，2004）；游客间互动形成的情绪也能对游客的体验感知产生影响（Ryan and Collins，2008），然而现有游客间互动以往的研究讨论主要集中在其内涵、结构维度、互动动机、交往模型等方面（马鹏和张威，2017），缺乏对其本质及其影响因素、影响效应等方面的深入剖析（Rihova，et al.，2015）。

节事旅游作为日益重要的旅游类型，也日益受到学界关注，而节事游客间的互动却尚未得到充分讨论。Martin指出顾客间互动现象多存在于具有以下特征的情境当中，例如顾客能接近、参加活动种类丰富，彼此口头互动多；顾客间虽存在异质性，而核心服务是兼容的；顾客偶尔需要等待服务；顾客需要与其他人分享时间、空间或者服务设施（Pearce，2005），可见节事活动情况高度符合此情境。同时，由于游客间互动对情境要素的高度依赖，不同情境的游客间互动在内容结构以及效应等方面存在显著区别，而现有游客间互动的研究侧重于团队游客、背包客以及邮轮游客等群体（Huang and Hsu，2010），鲜有研究者关注节事情境中游客间的互动。本章旨在通过质性研究方法深入探究节事游客间互动的内容以及影响机制，以期从节事的角度拓展游客间互动的理解，增进游客间互动在节事情境中的理论认知，为节事运营实践提供理论借鉴。

## 4.1 文献综述与研究假设

### 4.1.1 顾客间互动研究

服务活动的产生离不开顾客和服务提供者的交互行为。顾客需要与其他消费者共享服务生产的时间、空间以及公共设施等。因此，顾客在服务产出过程中既是服务的接受者，也是服务生产的重要协作者，其通过与周围的人或物发生互动，共同完成服务的产出过程（李志雄和何昊，2007）。顾客间互动是构成服务体验的核心要素，并且不可避免地对消费者的服务体验产生直接或者间接的影响，尤其在高接触度的服务产业更加具有至关重要的作用（Moura E Sá and Amorim，2017）。近年来，随着服务产业的快速发展，在大量服务情境中顾客间互动对服务体验的影响效应进一步凸显。越来越多的学者开始密切关注顾客间互动的内容、维度、影响因素等。

Martin 和 Pranter（1989）在探讨顾客间关系的过程中首次提出兼容性的概念，认为在绝大多数服务情境中，服务环境中的其他消费者构成了服务的一部分，因此顾客兼容性对消费者的服务体验以及服务质量感知具有实际影响。在其随后的实证研究中消费者公共行为被划分为合群的、不修边幅的、不可取的、粗鲁的、暴力的、对抗的以及休闲的等七类，并且验证了这些行为对满意度的实际影响（Martin，1996）。Grove 和 Fisk（1997）运用关键事件法识别出顾客间互动过程中的 330 个关键事件，并将其划分为礼仪以及社交两个大类，其中礼仪事件包括：排队时的身体接触、语言交流等，而社交事件则包括其他顾客的态度是否友好、整体的氛围等。对于共享服务场景的消费者而言对其他人违反默认行为规则的行为较为敏感，但是积极的互动行为可能会增强他们的服务体验。Harris 等（2000）认为在场的顾客间口头互动可能包含产品讨论、社交愉悦、产品建议等方面的要素，而且某些珍视群体观念的个体而言，与其他顾客交谈或者仅仅是与其他顾客共同存在都具有重要意义。Moore 等（2005）试图建立顾客间互动的理论模型验证顾客间互动对服务产出的影响，发现在高度人际接触的服务情境中，积极的服务氛围感知会促进积极的顾客间互动，进而对满意度、忠诚度以及口碑效应产生积极影响。Niloofar 等（2012）通过航空公司的案例进一步验证了顾客间互动与满意度、忠诚度以及口碑效应之间的关系，并且发现诸如音乐、服务设备、器材、服务人员以及其他视觉要素等环境特征对顾客间互动行为以及服务质量感知产生显著影响。Wu（2008）将顾客间互动划分为礼仪和社交事件、暴力事件、邋遢事件、反抗事件、粗鲁事件以及不体谅他人的事件等 6 大类，实证研究表明礼仪和社交事件对满意度有积极影响且受到消费者角色分类的调节作用。Kim 和 Choi（2016）将顾客间互动定义顾客在参与一些可见或可闻的活动（例如相互帮助、大声喊叫等不文明行为等）中产生的人际互动，强调了顾客间互动质量对服务体验质量以及顾客公民行为的影响。Moura 和 Amorim（2017）认为直接的尤其是在场的顾客间互动是构成服务体验的核心要素，根据不同服务情境的特征，顾客间互动可划分为偶然型、功能型、阶段型以及深思熟虑型四种基本类型。

国内有关顾客间互动的研究起步较晚，成果相对较少。黎建新等人最早提出顾客兼容性就是在同一服务或服务场景中顾客之间匹配的程度，即顾客之间是相互冲突或摩擦的，还是相互共存或协调的。有利于顾客服务体验的其他顾客或顾客组合是兼容的，而有损于顾客服务体验的其他顾客或顾客组合则是不兼容的。在随后的实证研究中发现顾客兼容性感知受到拥挤、顾客不良言行和冷漠的影响，同时顾客兼容性感知对顾客满意存在显著的负向影响（黎建新和甘碧群，2006；黎建新等，2009）。李志雄和何昊（2007）指出服务体验过程中的交互是顾客评价服务质量的关键，并且受到个体差异、顾客密度、情绪以及态度等要素的影响。银成钺等（2010）采用关键事件法分析了 139 个顾客间互动的关键事件，并将其分为其他顾客的外观、其他顾客的行为及顾客间的语言交流 3 个基本类别，并且进一步发现不同类别的行为会对顾客的服务体验产生截然不同的影响。蒋婷（2011）将顾客间互动界定为服务接触当中（服务现场），一个顾客（一组顾客）或主动地或被动地与另一个顾客（另一组顾客）之间产生的语言或非语言的等各种形式的直接的或间接的沟通和信息传递过程，顾客间互动受到个体因素、交际因素以及环境因素的影响。景奉杰等（2013）认为在线品牌社群中的顾客间互动就是指社群成员之间的交流和沟通，可以分为信息互动以及人际互动两类。顾客在品牌社群中通过与其他成员互动过程中获得情绪刺激，情绪在信息互动对购后满意的影响中起到了部分中介作用，而在人际互动对购后满意的影响中起到了完全中介作用。邱琪等（2015）在探讨顾客间互动对顾客感知象征价值的影响时，将顾客间互动认定为服务场景现场的顾客间互动，即顾客之间语言或非语言的各种形式的信息传递过程，并且将其划分为角色内互动和角色外互动两个类型。随着互联网技术的发展，部分顾客间互动的形成往往发生在网络环境中，因此部分学者开始关注虚拟环境中的顾客间互动，即广义上的顾客间互动，强调互动强调信息的转移和对顾客的影响（刘容和于洪彦，2017；徐鑫亮等，2018；杨瑞，2017）。

　　顾客间互动愈发成为服务营销领域相关学者的关注焦点，进一步佐证了顾客间互动对服务产出的重要作用（Moore，et al.，2005）。总的来说，现有研究主要集中于顾客间互动的概念界定、维度划分、影响因素以及影响效应等方面。鉴于顾客间互动行为对发生情境的高度依赖性，现有研究尚未形成统一的理论概念。总体上，现有的概念界定大致可以划分为广义以及狭义两个大类。广义的顾客间互动往往强调的是消费者之间的信息或者情感的转移，使用的情境更加广泛，尤其适用于虚拟网络环境中的互动行为。狭义的顾客间互动更加强调互动行为的"在场"，即在服务现场实时发生的消费者之间的沟通或者交流活动。根据服务情境的特殊性，学者往往采用关键事件法对特定的互动事件进行维度划分，但目前还没有对其维度的划分达成共识。相较于对概念以及维度的探讨，国内外学者更加关注顾客间互动的影响机制，试图建立包括影响因素以及影响效应的理论模型。由于互动行为涉及到多个个体的参与，顾客间互动本质上是一种人际间的社会互动行为，受到个体因素（性格特征、情绪、动机等）以及环境因素（实体环境、服务氛围、社会环境等）的共同影响。顾客间互动对个体的影响效应更多表现在服务体验感知、满意度、忠诚度以及口碑效应等方面。

### 4.1.2 游客间互动研究

　　邂逅陌生人并且融入其他游客当中是旅游体验的核心部分。人类基于本质上的社会属性，从感觉系统到心理过程都将注意力直接指向其他个体的存在、行为及其对个体的可能反应。因此，旅游过程中的个体间互动是必要以及必然存在的社会互动现象（Pearce，2005）。游客间互动本质上就是顾客间互动在旅游情境下的表现。因此，早期关于游客间互动的研究基本上都是将旅游业视为服务业的一个类型，在旅游场域内探讨顾客间互动。

　　Wu（2007）以台湾的团队游客为研究对象，将顾客间互动划分为礼仪和社交事件、暴力事件、邋遢事件、反抗事件、粗鲁事件以及不体谅他人的事件等6大类，并且验证了顾客间互动、顾客同质性与消费者满意的关系。Huang认为邮轮的整体氛围是塑造游客行为的重要条件，同时消费者本身是构成整体氛围的重要因素。游客间互动包括三个层次：没有互动或者微乎其微的互动；自发的互动；密切的互动并且形成持久关系。对于邮轮游而言，积极的互动是给旅游体验做加法，消极的互动并没有对整体体验产生显著影响，同时互动的质量相比互动的数量而言对旅游体验的影响更为突出（Huang and Hsu，2009，2010）。Papathanassis（2012）在关于邮轮游客的质性研究中发现，积极的游客间互动在一定程度上被视为理所当然，消极的游客间互动产生的影响更加明朗。Fakharyan等（2014）探讨了酒店业的顾客间互动、满意度、忠诚、口碑效应、个体互动质量以及服务氛围之间的关系，结果表明服务氛围对顾客间互动具有显著影响，顾客间互动对忠诚以及口碑效应具有显著影响。Rihova等（2015）认为对于旅游消费而言，游客间互动以及体验共享构成了服务体验的关键部分，游客参与团队游、邮轮旅游以及节庆活动的目的在于与他人共度时光，并且基于消费者主导逻辑构建了游客价值共创的理论框架。Reichenberger（2017）分析了游客间互动的组成、特征及其影响因素，游客通过社会互动得到的社会实践往往受到特定的环境要素以及个体特征的影响，游客间的社会互动表现出共睦态、社会环境罩以及超然游客等三个层次：共睦态层次指的是原来并不认识的游客通过共享归属感而创造出临时群体，这一点在共享住宿设施的背包客身上体现得最为显著；社会环境罩层次指的是旅游团体内成员之间的互动实践；超然游客层次指的是独身或者情侣游客的社会互动表现，对于这些游客而言主要的焦点是隐私以及放松而非与其他游客的互动。Zgolli和Zaiem（2017）指出在旅游以及娱乐服务中，游客间互动是构成服务体验的必要部分，并且反应了游客生活中特定的社交活动。实证研究表明，游客性格的外向型特征对游客间互动有显著的积极影响，同时游客间互动对满意度、停留意愿以及忠诚都产生显著影响，国籍调节了游客间互动与游客行为之间的关系。

蒋婷和胡正明（2011）使用关键事件技术的方法对我国游客在服务接触中的互动行为进行了分类，将游客间互动行为分为5大类：基本礼仪、旅游规范、语言沟通、帮助行为和其他。蒋婷（2012）发现饭店业所呈现的顾客间互动可分为中心顾客—背景顾客的直接互动、员工—背景顾客与中心顾客的间接互动、环境—背景顾客与中心顾客的间接互动三类，并且基于"刺激－反应"模型构建了顾客间互动关系理论模型，反映了顾客间互动的内容和关系，同时彰显了互动对中心顾客体验影响的作用机理。彭丹（2013）提出旅游行为具有鲜明的社会属性，旅游者在旅游过程中离不开与他人的互动，并且在互动中建构出各种社会关系进而影响旅游体验。蒋婷和张峰（2013）在探讨游客互动对体验价值以及再惠顾意愿的影响时，重构了游客间互动的结构维度和指标体系，将游客间互动划分为礼仪违背、干扰与争执、友好交谈、建议与帮助 4 个维度。蒋婷（2014）采用关键事件法对游客互动行为进行了探索性研究，将游客间互动行为分为礼仪行为、抱团行为和排斥行为三类，并且发现员工视角和顾客视角下的游客间互动行为存在显著的内容差异。闫静和李树民（2015）指出顾客的人际互动能力和顾客间异质性是影响顾客间互动的前置变量，社会支持、服务涉入和顾客规模作为外部要素，调节人际互动能力和顾客间异质性对顾客间互动的影响程度。陈晔等（2017）将顾客间互动界定为游客在团队旅游过程中主动或被动地与其他游客发生的语言或非语言等各种形式的沟通和行为交互，游客间互动对游客的主观幸福感存在显著影响，其中积极的游客间互动能够直接促进游客的主观幸福感，而消极的游客间互动对游客的主观幸福感有负向作用。马鹏和张威（2017）认为处于同一场域中的游客必然会出现接触或者互动行为，具有自发的、非契约的特性，并且将游客互动归纳为干扰行为、友好交流和帮助行为三个维度，验证了游客互动、体验价值与主观幸福感之间的逻辑关系。

基于旅游业本身作为服务业的本质，游客间的人际互动不仅是常见的，而且是不可避免的。由于团队游、背包旅游以及邮轮旅游是游客间互动现象最普遍的三种旅游活动，现有关于游客间互动的研究基本上集中于这三类游客（Huang and Hsu，2010）。尽管国内外学者对游客间互动的内容、结构以及影响因素以及影响效应等方面展开了探讨，但是缺乏深入、系统的剖析。大多数研究着重于将普通消费情境中的顾客间互动的相关内容引入旅游领域，尤其在游客间互动的概念界定、维度划分以及度量等方面并没有充分突出旅游情境的特殊性。

## 4.2 研究方法

### 4.2.1 研究案例介绍

迷笛音乐节发源于中国地下摇滚音乐，是国内大型户外摇滚音乐节的先锋，自举办以来已历经 18 年，被称为中国的"伍德斯托克"。其举办地跨越北京、上海、深圳和苏州等各大城市，吸引众多节事活动的游客参与，最高一届多达 35000 人

/天。音乐节一般为期三天，每届邀请近百组国内外优秀乐队，场地内不仅设置摇滚、民谣、戏曲和世界音乐等不同风格类型的音乐舞台，舞台下不设置座椅，还设有露营区以供乐迷露营，方便乐迷进行充分的交流。除音乐演出外，攀岩滑板、真人 CS、跳蚤市场等各类娱乐活动也非常丰富。因此，可以看到音乐节的规模，现场参与乐迷时空的共享性，活动种类的丰富性，都为到达音乐节的乐迷带来广泛的互动空间，有足够的可能进行充分接触交流，为研究节事活动中游客间互动提供了典型的案例地，也为研究的深入带来充分的观察空间。

### 4.2.2 研究方法与数据来源

扎根理论（Grounded Theory）作为质性研究的方式被广泛应用于多个学科领域（边国英，2008）。它适用于用归纳与演绎的方法，在系统化收集、整理、分析经验材料的基础上，验证已有的理论或者发展出新的理论成果（文军和蒋逸民，2010）。扎根理论目的是通过不断比较、思考和分析、将资料转化成概念从而建立理论，其中资料分析，即编码（Coding）是该方法的核心环节。数据编码包含开放性译码、主轴编码和选择性编码三个主要步骤（徐宗国，1997）。

本章的调研分为三次完成，分别于 2015 年 12 月 31 日至 2016 年 1 月 2 日、2016 年 4 月 30 日—5 月 3 日、2016 年 9 月 15 日—18 日期间以及 2016 年 12 月 31 日至 2017 年 1 月 2 日，先后四次参加 2015/16 深圳跨年迷笛音乐节、2016 太湖迷笛音乐节、2016 腾龙洞迷笛音乐节以及 2016/17 深圳跨年迷笛音乐节。在 2015/16 深圳跨年迷笛音乐节的调研过程中，笔者采取了参与式观察的方式；在 2016 太湖迷笛音乐节举办期间，笔者采取参与式观察的同时，先后在演出现场和迷笛露营区共选择了 8 位乐迷进行了半结构式的深度访谈，每段访谈的时间在 30min 到 2h 之间。访谈中不仅对访谈进行了录音，也将被访谈者的语气词、明显停顿、笑声以及其他的言语特征等进行记录形成备忘录，以期增进后期对文本分析的理解。太湖迷笛音乐节结束后，笔者将每段录音都转录成文字，将访谈文本以及备忘录按照扎根理论的步骤对资料进行了初步的分析和整理，寻找到资料的缺口。在 2016 腾龙洞迷笛音乐节期间，笔者先后在演出现场和迷笛露营区共选择了 5 位乐迷根据资料缺口进行了补充访谈，每段访谈的时间在 30min 到 1.5h 之间，并全程录音。在 2016/17 深圳跨年迷笛音乐节期间，笔者选择 3 位乐迷进行深度访谈，从而验证理论的饱和度。访谈者的详细资料见表 4-1。

表 4-1　被访谈者的基本情况

| 个案编号 | 性别 | 参加迷笛的次数 | 访谈时间 | 访谈地点 |
|---|---|---|---|---|
| TH1 | 男 | 首次 | 2016/5/3 | 太湖迷笛营 |
| TH2 | 女 | 第四次 | 2016/5/1 | 太湖迷笛营 |
| TH3 | 女 | 第四次 | 2016/5/1 | 太湖迷笛营 |
| TH4 | 男 | 首次 | 2016/5/1 | 太湖迷笛营 |
| TH5 | 男 | 第二次 | 2016/5/2 | 太湖迷笛营 |
| TH6 | 女 | 第三次 | 2016/5/2 | 太湖迷笛营 |
| TH7 | 男 | 第二次 | 2016/5/2 | 太湖迷笛营 |
| TH8 | 女 | 首次 | 2016/5/3 | 太湖迷笛营 |
| TLD1 | 男 | 首次 | 2016/9/16 | 腾龙洞风景区 |
| TLD2 | 男 | 首次 | 2016/9/16 | 腾龙洞风景区 |
| TLD3 | 男 | 五次以上 | 2016/9/17 | 腾龙洞风景区 |
| TLD4 | 男 | 第四次 | 2016/9/17 | 腾龙洞风景区 |
| TLD5 | 女 | 第二次 | 2016/9/17 | 腾龙洞风景区 |
| SZ1 | 女 | 首次 | 2017/1/1 | 深圳大运中心 |
| SZ2 | 男 | 第二次 | 2017/1/1 | 深圳大运中心 |
| SZ3 | 男 | 第二次 | 2017/1/2 | 深圳大运中心 |

### 4.2.3 编码过程

#### 1. 开放性编码：提取概念和范畴

开放性编码就是将资料分解、检视、比较、概念化和范畴化的过程（陈向明，2015）。在开放性编码阶段，首先对研究资料进行逐字逐句的分析，提炼出相关概念，并对意义重叠的概念进行合并或者剔除。然后，将同一类属的概念聚集起来进一步抽象化形成初步范畴。通过对原始资料的分析，本章共得到 372 个初始概念。进一步，研究者对初设概念进行归纳提炼，最终形成 33 个初步范畴。

#### 2. 主轴编码：选取主范畴

主轴编码的主要任务是发现范畴之间的相互联系，在开放编码的基础上综合研究情境和研究对象的意义，深入分析范畴的性质，并且通过不断比较和联系之后，将范畴进行综合分析，最终形成类属、属性以及维度。本章根据主轴编码的范式，综合分析 33 个初步范畴之间的相互联系，形成六个主范畴分别是：节事场景、社会性场景、游客间互动行为、乐迷个体特征、节事体验评价以及游后行为。

### 3. 选择性编码：发现核心范畴

选择性编码就是选择核心范畴，把它系统地和其他范畴联系起来，验证之间的关系，然后通过"故事线"的方式描述行为现象以及内在脉络（陈向明，2015）。核心范畴就是能够将所有其他类属整合入内的中心概念。本章在开放编码和主轴编码的基础上形成核心范畴为"游客间互动行为及影响因素"。节事场景、社会性场景、游客间互动行为、乐迷个体特征、节事体验评价以及游后行为等六个主范畴都可以与核心范畴相联系，进而发展出新的理论构架。围绕地方政府生态管理的"故事线"可归纳为：节事场景、社会性场景以及乐迷个体特征显著影响游客间互动行为，同时游客间互动行为通过节事体验评价的中介效应对游后行为产生影响。

根据核心范畴，本章得到的"故事线"可以归纳为：节事场景、社会性场景以及个体特征构成影响游客间互动行为的前置影响因素，其中节事场景和社会场景作为外部要素显著影响游客间互动行为，个体特征作为内部要素影响游客间互动行为。游客间互动行为直接影响节事体验评价，并且间接影响游客的游后行为。

### 4. 理论饱和度检验

利用 2016/17 深圳跨年迷笛音乐节期间获得的访谈资料进行重新检视，未发现新的主范畴以及属性和维度，即"节事游客间互动行为及其影响因素理论模型"达到了理论饱和。

## 4.3 研究结果

### 4.3.1 节事游客间互动行为的内容

从数据的编码和分析得到，节事情境下游客间互动行为可划分为三个维度：娱乐行为、互助行为以及冲突行为。相对于其他的服务消费情境以及普通的旅游情境而言，节事游客间的娱乐行为是节事游客互动至关重要的部分。迷笛音乐节的游客间娱乐互动行为在空间上分为演出现场的互动以及露营区的互动；在互动形式上分为自发的互动以及乐迷组织内的互动。

迷笛音乐节作为一个以摇滚乐为主要音乐风格的音乐节，乐迷间的娱乐互动行为构成音乐节非常重要的部分。迷笛音乐节在空间上包括现场表演区以及乐迷露营区两个部分，其主要活动都围绕音乐展开，并且体现出浓厚的摇滚音乐风格。同样是听音乐，音乐节与室内音乐会之间最大的区别就在于现场丰富多样的互动行为。"在现场大家能玩到一起。比如说你听音乐会的时候，你就是坐着。你在现场的话，可以 pogo①，甩头，跳水②，开火车③，或者死墙④，就是这样。"对于部分乐迷而言，音乐体验是其次的，现场的乐迷间互动构成了节事动机的重要部分。这些酣畅淋漓的娱乐互动行为可以让乐迷完全释放日常生活的压力，完成对现实生活世界的逃离。"我特别特别喜欢这种没有身份的感觉。就算你干了一些出格的事，平时看起来出格的事，也不会觉得很出格。大家都很癫狂，不差你一个。"相对于演出现场的全情投入，露营区的娱乐互动行为更像是久未谋面的朋友之间的欢聚。"其实来露营区就跟来迷笛一样啊，凡是能住在营区里面的人百分百都是乐迷。真的就是一定要趁着这个迷笛，哥几个又能凑到一块儿喝喝酒啊，聊聊天啊。挺好。（TLD3）"露营区作为"音乐节现场的一个延续"，是乐迷自发组织起来的第二空间。由于摇滚乐在中国大陆始终处于主流之外的边缘地位，爱好摇滚乐的乐迷在现实生活中很容易感受到强烈的孤独感。迷笛音乐节，尤其是露营区为这些乐迷提供了一个"跟一帮志趣相投的人过来玩几天"的机会。"露营就是迷笛音乐节的一个部分。我们那边（表演区）放完了，我们在这边（露营区）有人弹琴、唱歌、喝酒，什么都有。就像我们之前在门口玩的时候，一群人玩着玩着就 pogo 起来了。"一群有着相同爱好的乐迷在营区通过喝酒、聊天、弹琴、唱歌等互动行为，建立了强大的情感联系，得到了在日常生活中缺失的归属感。

互助行为是音乐节期间乐迷之间非常重要的一种互动方式。乐迷在音乐节现场获得脱离日常生活世界的阈限体验。乐迷在日常生活中往往背负着一种或者多种社会身份。社会身份的存在会影响个体的行为决策，甚至使个体产生从众行为从而获得社会认同。摆脱"身份"的束缚之后，乐迷沉浸在"无我"的状态下"会卸下一些防备和面具，把真实的一面展现在外人面前"。"比如说我们在迷笛之外，我们这里的所有人，很大一部分人肯定都不是那种扶老爷爷过马路的好人。但是所有人都在这个场地的时候，只有在这么几天，所有人都会变成这样的一个好人。"在迷笛音乐节现场，乐迷间的互助行为主要包括乐迷间相互搀扶，比如"在人群里面，不太可能会摔倒的。你有这个趋势的时候，人家会扶着你。或者摔倒的时候，直接把你拉起来了"；帮忙保管个人物品，比如"pogo 的时候，我是会把身上的东西随便交给边上的哪个人，随便让他帮我看着直接拿给他们，让他们帮我看着，他

---

① Pogo：pogo 就是伴随着音乐节奏蹦来蹦去以及乐迷间相互碰撞。
② 跳水：就是乐迷冲上舞台或者护栏上，向着密集的观众纵身一跃，由其他观众托举并向后传递的过程。
③ 开火车：就是搭着前面朋友的肩膀连成一行，颠着跑，通常适用于民谣摇滚或舒缓的流行歌。
④ 死墙：是一种在硬核、金属等重型摇滚乐的现场演出现场经常出现的进阶玩法。首先由台上乐手鼓动，主唱指挥观众们在舞台前分开成左右两部分，中间留出空地，然后两方同时冲向对方进行对撞。

们也会等着我。哪怕是散场，人走得差不多了，他们也会在那里等着我。就一直都
是这样，从来都没丢过"；老乐迷帮助新乐迷更好地融入音乐节，如"现在更多的
是想着帮助同伴。因为每年都会有一大堆新鲜的血液加入进来，帮助大家找到迷笛
的传统，找到在这个家的位置"。这些乐迷间自发的互助行为加强了乐迷的信任感
以及归属感，进而产生深刻的节事体验。

音乐节游客间个体特征的差异，尤其是参与动机、音乐风格偏好等方面的差异
使得游客间不可避免会产生不愉快的冲突行为。在迷笛音乐节现场的不同演出舞台
通常会偏重不同的音乐风格，从而将乐迷进行适度的区分，例如战国舞台通常偏重
重型金属乐，明舞台则偏重于民谣、后摇等较为轻松的音乐风格。然而唐舞台作
为综合性的主舞台，通常会将各种不同风格的演出交叉编排，从而间接引发了乐迷
间的冲突行为。比如，"大家在一只挺重的乐队，那些要玩的人，他们就在后面
pogo，但是前面前几排可能在等后面的乐队的演出，他们就守在前面。别人在那里
跳来跳去，就会挤到他们踢到他们怎么样，就经常会因为这种情况打起来"。音
乐节是隔离于现实生活世界之外，在相对封闭的时间和空间，游客的行为更加容易
对他人产生影响。尤其在露营区，乐迷间的相互熟悉度较低，个体特征的差异性较
大，导致冲突行为的产生相较于在演出现场更加容易凸显。"昨天晚上我玩累了回
到帐篷就睡了，后来好像是野团的人喝嗨了，挨个帐篷去掀，当时我就跟他们吵起
来了。"

## 4.3.2 节事游客间互动行为的影响因素

影响节事游客间互动行为的因素包括个体和环境两个方面。其中个体特征是游
客间互动行为的内在驱动要素，包括人口统计学特征、性格特征、音乐风格偏好、
参与经验、动机以及情绪体验等。比如性格外向的乐迷更加容易融入周围环境，并
受到其他乐迷的情绪渲染或者行为带动，"应该容易 high 的人更外向一点，更容
易和别人去交流，去互动，表达自己"；性格较为内向的乐迷较难以受到周围情绪
的感染，释放自我的程度较低，"你很想参与进去，可能说你的情绪是嗨的，但是
你的行为会受到性格的限制，你还是会去在乎说别人会去怎么看我，然后就嗨不起
来"。

环境的影响可以分为节事场景以及社会场景两个方面。节事场景是游客在节事
场域内对环境刺激要素的整体认知，塑造并且影响游客的整体节事体验（Lee and
Chang，2017）。迷笛音乐节的核心就是音乐演出。不同音乐风格的演出作为重要

的节事场景变量，会对乐迷间互动行为产生显而易见的影响。比如重型金属是一种节奏性较强的音乐风格，在此类演出现场"只要是鼓点响起来，乐迷 pogo 起来就够了，pogo 起来，他们就会撞起来，一冲撞起来那种感觉立马就上来了"。相对于实体性的环境要素而言，社会环境要素对游客行为的影响更为显著（Jang, et al.,2015）。社会场景就是节事参与者对环境中的社会性变量的认知，包括人群密度、其他乐迷的情绪、乐手的情绪、其他乐迷的行为、其他乐迷的参与度等方面。在日常消费情境以及普通的旅游情境中，较高的人群密度往往会对体验产生消极影响。然而，在节事情境中尤其是迷笛音乐节，适度的人群聚集为乐迷间互动行为的形成提供了可能，并且有助于产生更加积极的体验。"靠舞台前面不是很挤，是相当挤，挤死了。因为挤一挤才热闹，我不喜欢人太少，但是如果人与人之间的距离太远了的话，就没有那种氛围了，大家也玩不起来。"此外，其他乐迷的情绪表现以及参与行为也是构成社会场景的重要因素。乐迷之间以及乐迷与乐手之间会存在情绪的感染以及行为的带动。"如果他们（其他乐迷）嗨的话，我可能会更嗨一点。他们如果很嗨的话，我就去撞他们了。他们不嗨的话，我就只能自嗨了"。不管是内在的个体特征还是外在的环境要素都会显著影响游客间的互动方式、互动频率以及互动程度等。

个体特征以及环境要素与游客间互动行为之间最重要的中介条件就是乐迷在演出现场的空间位置。游客在不同动机以及性格特征等内在要素的驱动下会主动选择自己在场域内所处的空间位置。迷笛音乐节作为一个相对封闭的空间，不同空间位置的微环境会存在显著差异。一般情况下，越靠近舞台前方以及人群中心的位置越拥挤，舞台的后面以及两侧的位置相对拥挤度较低。在不同位置的乐迷受限于周围乐迷的聚集度以及参与度等因素会产生不同的互动行为。"自身的感觉话，站在（人群）里面听的话就是更能够融入那种音乐氛围吧，更加兴奋一点。还有一个就是你越靠近乐手，那么你越能够看到他们的面目表情然后感染力更强。第三个方面就是这个乐迷在周围这样还会有一个很好的感觉就是带动，带动你。"靠近舞台前方的乐迷往往会投入更多的情绪，并且与乐手以及其他乐迷的互动程度及互动频率更高，"站在舞台前面和站在舞台后面，我整个人的情绪是完全不一样的，站在台前的时候就是你的情绪会受到别人的感染。当你看到别人那样子的时候，他会带动你"。靠近舞台两侧以及舞台后面的乐迷参与度相对较低。此外，空间位置的不同也会影响乐迷间的互动方式，尤其是娱乐互动的方式。通常来说，跳水、开火车、死墙等互动行为的形成需要一定程度的人群聚集。因此，这类互动行为往往发生在舞台的前方以及人群的中心。在远离舞台和人群中心的位置，乐迷往往进行一些如pogo、手拉手甩头等强度较低的互动方式。

游客间互动的驱动要素包括内生性影响和外生性影响两个方面。内生性影响主要指游客自身的个体特征要素，包括年龄、家庭、性格、动机以及情绪感受等。比如内向或者外向是影响顾客间互动的重要前因变量（Moore，et al.，2005）。外向型性格的游客更加善于社交、健谈，他们更容易表现自己的感受、想法以及信念（Zgolli and Zaiem，2017），因此与他人产生互动的可能性更大，互动程度更高；相对而言内向型性格的游客更倾向于被动地与其他游客之间产生互动联系。同时，环境、氛围也影响游客间互动的前因变量。节事场景作为环境的客观属性对游客间互动具有重要的促进作用，为游客间的会面、交谈以及接触等提供了必要的空间以及设施支撑（Harris，et al.，2000）。社会场景包括其他游客的存在、情绪以及行为表现等要素构成了游客间互动存在的必要前提。相对于其他的旅游情境而言，游客在户外音乐节的空间位置的选择具有相当的自主性，并且直接影响游客间互动的内容以及互动质量。因此，空间位置在个体特征以及环境要素对游客间互动的影响过程中发挥着至关重要的中介作用。

### 4.3.3 节事游客间互动行为的影响效应

在节事情境中，游客间互动几乎贯穿节事的整个过程。个体对互动质量的感知与流动式的节事体验评价之间紧密相连并且对游后行为产生间接影响。积极的互动行为会强化个体的情绪以及认知，进而促进积极的体验评价的形成。迷笛音乐节是目前国内最大的以摇滚音乐风格为主的户外音乐节。许多乐迷是出于对摇滚音乐的热爱而聚集到迷笛。对于这些因为音乐而驱动的乐迷而言，游客间互动更多侧重于演出现场围绕音乐演出形成的娱乐互动。高质量的音乐演出以及与其他乐迷之间高强度的互动更加有助于产生积极的节事体验。"我觉得他的氛围真的特别特别好，从前面第一排一直嗨到最后一排。可能一个乐队真的需要特别大的感染力，然后才能够让比如我说的后面那些不怎么嗨的人也会被带动，所有的人围着他一起跳舞啊，转啊，唱歌啊，所有的乐迷从前面到最后面，他们都是手拉手在甩头，pogo。我觉得这个场景印象最深刻。"

此外，有一部分乐迷来到迷笛最主要的动机并不是音乐，而是朋友。"朋友是第一个因素，音乐才是第二个因素。阵容其实对很大一部分人的影响不是特别大，特别是来过迷笛很多次的，大家就是来见见朋友。"音乐节更像一场老朋友之间难得相聚，"大家围在一起喝酒唱歌，然后有人弹吉他，可以唱一些自己都可以哼一哼、唱一唱的那种感觉，我觉得那种感觉特别好"。尤其对于部分初次参加迷笛的乐迷而言，他们对现场演出的乐队以及音乐本身并不是很熟悉。但是音乐的陌生感并不妨碍这些乐迷在其他乐迷的带动下，融入整体的氛围之中，并且产生深刻的节事体验。比如"第一次来特别懵，其实很多乐队我都没听过，就知道几个。然后跟着几个朋友他们去哪儿我就去哪儿，然后跟着一起玩。乐队也不知道，唱什么歌我也不知道，就一起玩。玩两天，然后就不能动了，但是特别舒服。那是我记忆里最好的一次迷笛，真的"。

旅游体验是游客在旅游过程中与各种各样的实体以及社会要素之间互动的结果（Huang and Hsu，2009）。游客间互动对节事体验的形成有着至关重要的作用。不管积极或消极的游客间互动都会对整体体验过程产生全面的影响（Huang and Hsu，2010）。不管在参与节事之前秉持何种动机，在参与过程中游客间友好的沟通和互助可以帮助游客在陌生环境中的更好地形成安全感以及归属感，从而产生更加积极的体验评价。

## 4.4 结论与讨论

### 4.4.1 研究结论

本章试图采用扎根理论的方法深入剖析节事情境下游客间互动的内容、结构及其影响机制，进而构建节事游客间互动及其影响因素理论模型，理论贡献体现在以下四个方面：

第一，研究发现节事中的游客间互动行为可以大致划分娱乐行为、互助行为以及冲突行为等三个维度。游客间互动从本质上说就是实时发生在旅游情境下的人际间互动，具有不可磨灭的社会属性，对具体的环境特征以及社会场景具有高度的依赖性。相较于普通的观光旅游或者休闲度假旅游而言，节事的特殊性在于参与者对节事表演、仪式过程、娱乐项目等节事特殊变量的突出关注。因此，娱乐行为构成了节事游客间互动的核心内容之一。互助行为以及冲突行为在以往研究中得到了较多的关注，在节事情境下同样较为突出。

第二，影响节事游客间互动行为的因素包括个体和环境两个方面。个体特征是游客间互动行为的内在驱动要素，包括人口统计学特征、性格特征、音乐风格偏好、参与经验、动机以及情绪体验等。外生性的环境影响可以分为节事场景以及社会场景两个方面。节事场景是游客在节事场域内对环境刺激要素的整体认知，塑造并且影响游客的整体节事体验。社会场景是节事参与者对环境中的社会性变量的认知，包括人群密度、其他乐迷的情绪、乐手的情绪、其他乐迷的行为、其他乐迷的参与度等方面。

第三，乐迷在演出现场的空间位置在个体特征以及环境要素与游客间互动行为之间发挥最重要的中介作用。相较于普通的观光旅游或者消费服务而言，节事游客在空间位置的选择方面具有相当的自主性，尤其是在诸如迷笛音乐节等户外节事中。外生性环境要素通过空间位置的选择影响游客间互动的内容以及强度等。

第四，游客间互动对节事体验的形成有着至关重要的作用。节事体验是游客在节事场域内，通过内部刺激与外部刺激之间相互作用产生的动态心理过程。游客间互动是主体在内外环境的双重影响之下形成的行为表征，反映了主体与环境的交互过程。因此游客间互动对节事体验的形成相伴相生，具有全方位全过程的整体影响。

### 4.4.2 研究不足与展望

本章以迷笛音乐节作为研究案例，扎根理论分析的原始数据来源于对参与音乐节的游客的深度访谈。由于游客间互动对情境要素就有高度的依赖性，本章的数据具有一定的局限性，进而影响结论的普适性。本章构建了节事游客间互动行为及其影响因素理论模型，但是模型中各要素之间的影响效应有待通过进一步实证检验。

# 第 5 章

# 意义建构的研究方法分析

从古到今，意义一直是哲学家关注的重大问题。进入 20 世纪以后，随着哲学、社会学、语言学、人类学、心理学等学科的交融渗透，意义的研究愈发呈现出百花齐放的态势，有些学科如现象学、社会学甚至将日常生活的意义研究作为其研究的出发点和归宿。

意义是什么，意义是如何生成、传递和演进的，要研究这些问题就首先要从哲学的认识论层面来思考（徐勇和杨华，2013）。客观主义认识论和主观主义认识论都不适合意义的研究。社会建构主义的认识论把人们的理解、科学、非科学放在一起，认为真相和意义来源于客观存在，通过我们对现实世界的认识和理解反映出来，这种结合了主客观世界的认识论与意义建构问题不谋而合，因此，意义建构问题适合使用社会建构主义认识论。

马凌和朱竑（2015）曾就旅游研究中建构主义方法论进行了较系统地研究，并介绍了一些建构主义的具体的方法，认为社会建构主义目前在旅游业中的应用主要集中在旅游目的地与旅游吸引物的建构、旅游体验的建构等方面。本章仅研究建构主义在意义的生成、传递及演进的过程中的应用及具体方法。此外，也有学者将建构主义的意义建构与传统意义建构做对比，认为建构主义的意义建构是传统意义建构的高级形式（蒋志辉和周兆雄，2011）。更多的学者是将建构主义应用到旅游案例研究中去，如余志远（2012）给背包客的体验赋予意义，后面提及的意义建构的大多数文献都是基于案例进行的。

研究的认识论决定了其哲学理论观点，而哲学理论观点又决定其研究方法论和具体的研究方法（徐勇和杨华，2013）。社会建构主义的认识论决定了这种研究大都采用定性的研究方法，如后面谈到的叙述分析和话语分析等。

为研究意义建构及其研究方法，本章首先对目前流行的意义学说进行简单的介绍；其次，对意义建构的现有文献进行综述，主要总结现有的意义建构研究的热点，意义建构的概念和特征。接着，对国内意义建构中的研究方法进行评述，主要包括其研究方法、资料来源、使用理论等；最后，结合之前的分析，对中国洛阳牡丹文化节意义建构目前的研究现状及未来的研究设计进行展望。

## 5.1 意义和意义论

意义一直是哲学研究的重要问题，自西方近代哲学兴起以来更是成为一个热门论题。很多学者提出了自己的意义论，如洛克（Locke）和休谟（Hume）观念论的意义论、穆勒（Mill）和罗素（Russel）指称论的意义论、胡塞尔（Husserl）意向论的意义论、海德格尔（Heidegger）和伽达默尔（Gadamer）理解论的意义论、早期维特根斯坦（Wittgenstein）图像论的意义论、晚期维特根斯坦功用论的意义论、沃森（Watson）行为论的意义论、戴维森（Davidson）真理论的意义论，以及巴维斯（Barwise）和佩里（Perry）情景论的意义论等（王方良，2004）。

　　这些不同的意义论之间有一定的继承和突破的关系。统而言之，意义的研究主要可以分为欧洲大陆哲学和分析哲学（主要在语言哲学）两派。大陆哲学的意义研究主要基于胡塞尔的意向性理论，而语言哲学的意义研究主要源于弗雷格、索绪尔和维特根斯坦。胡塞尔的意向性理论又受到弗雷格的影响。胡塞尔现象学中注意到了不同于被表达对象的意义层，如"被命名对象的表象"，但从出现之始就与意向行为及意向性学说相辅相成，与弗雷格的"语言表达式的意义"在方向上有区别（蔡曙山，2006）。索绪尔则关注"符号"的意义传达。海德格尔继承和发展了胡塞尔的意向性理论，认识到了语言在现象学解释中的重要作用，将语言上升到本体论的高度。他的学生伽达默尔等发展出了语言现象学和解释学现象学。都强调了语言和文本在现象学释义中的重要作用。而一方面，分析哲学，特别是语言哲学则侧重语言、符号的分析。两者对意义的分析既有区别也有联系，并在 20 世纪 60 年代以后被引入社会学、人类学、心理学等学科，共同解释日常生活的意义。

　　下面简单介绍几种在意义建构中使用的意义论。对意义的研究中首先要关注现象，因此，胡塞尔（Husserl）意向性的意义论不可或缺；海德格尔（Heidegger）和伽达默尔（Gadamer）对现象利用语言、符号等进行阐释和解读，因此，理解论的意义论也很重要；晚期维特根斯坦开创了语言哲学，从理想语言转向日常语言的应用，其功用论的意义论是其后语义学和语用学的开端。

　　意向论即现象学（Phenomenology）的意义论。意义是胡塞尔现象学中的核心概念，他认为意识活动的功能就是"立义"，意义作为抽象的或理想的实体给意识行为以指向，意识行为借助于意义指向被意指的对象。在感知和图像意识中与意义相关的是意识行为，而在符号行为中与意义相关的是语言逻辑分析和表述。这里的意义就是胡塞尔用于语言逻辑分析的"含义"。这在一定层次上也说明含义和意义之间的关系，任何"含义"都是有意义的，但并不一定任何"意义都具有含义"，含义只在意识行为的较高层次出现（张佳秋，2014）。

　　理解论即释义学（Hermeneutics）的意义论，海德格尔在研究意义的时候，就将意义的呈现作为重要问题，发展了现象学阐释学，而其继承者伽达默尔甚至将对话、交谈等文本作为本体论。理解论原意是使一种意义从人们所不能理解的世界转译到人们所能理解的世界中来。它使隐藏的意义得以显现，使不清楚的意义变得清楚。随着释义学对象范围的日益宽泛，人们在研究重点和所要突破的各种问题等方面出现许多不同主张，有的主张转向本体论研究（如海德格尔和伽达默尔），有的则主张深入语言分析。

功用论主要是晚期维特根斯坦创建的，他主张"语言游戏论"，认为语言活动就像下棋，按规则游戏，你若知道了"游戏的规则"，你就知道如何使用一个词，从而就知道了它的含义，"一个词在语言中的使用就是它的意义"。当然，要了解词语的意义，必须考虑词语使用的特定环境。维特根斯坦反对把意义看作是任何一种实体——无论是物质实体还是精神实体（随莉莉，2012），他强调词语或语句的意义存在于它们的使用过程中，而不是存在于静止的实体中。所以他主张不要问词语的意义，而要问词语的使用（林素峰，2005）。

所述意向论（现象学）、理解论（释义学）、功用论这三种意义理论虽然都研究意义问题，但是，由于它们所关注的意义的层面不同，用于解释的对象不同，这些意义研究都将用于意义建构过程的研究，如意义产生情景、意义本身的描述、意义生成的感觉材料等。

## 5.2 意义建构研究概述

### 5.2.1 意义建构的定义和特征

#### 1. 意义建构的定义

我国学者对意义建构和意义生成的研究在语言学中早有体现，如我国古代先贤热衷的对经典著作的注释，其中即包括对字词句等的意义进行解读。应当指出的是，这些意义解读与本章的"意义建构"（sensemaking）有较大的差别。关于"sensemaking"一词，国内有将其译为"意义建构"的，也有将其译为"意义生成"的，本章不对有关哪一个译法正确与否的问题进行讨论，下文统一将其译为"意义建构"（5.2.2小节除外）。"意义建构理论"由 weick 于 20 世纪 60 年代创立，并在其后的学术生涯中得到不断丰富和发展。该理论来源于胡塞尔的现象学、继承于阿尔弗雷德·舒茨、勒克曼的现象学社会学，并借鉴了皮亚杰、维果斯基认知心理学的相关理论。在引入到管理学之后，意义建构理论获得了巨大的发展。

Weick（1995）对意义建构进行了最简单的界定。他认为，照字面意思理解，"意义建构即意义的理解和形成"。随莉莉（2012，表 5-1）将目前使用的意义建构定义进行了梳理。

表 5-1　意义建构的定义（随莉莉，2012）

| 学者 | 定义 |
|---|---|
| Weick（1995） | 意义建构就是意义的理解和形成，是基于身份建构的、反思的、对敏感的环境活跃的、社交的、持续的、聚焦的，通过线索提取的、由貌似可行而不是精确驱动的 |
| Waterman（1990） | 意义建构就是建构未知的事物 |
| Gioia and Chittipedd（1991） | 意义建构就是当为了更好地理解预期的组织变革而建立一个有意义的框架结构时，涉及到的相关的意义建构与再建构 |
| Thomas, clark, and Gioia（1993） | 意义建构就是信息搜集、信息归属和相关回应之间相互作用的过程 |
| Gioia and Thomas（1996） | 意义建构就是管理者根据相关信息，自己理解、解释、创建意义的方式 |
| Osland, Bird, Delano, and Jacob（2000） | 意义建构就是将各种刺激因素都放在一个框架中，便于人们理解、解释、归因、推断和预测 |
| Maitlis（2005） | 意义建构关注的是各方参与到开发一种意义框架以便于去理解一项蓄意的战略变革的本质，其关注的是"意义建构和重构" |
| Soneshiein（2010） | 个体通过回顾和展望的反复循环形成对现实的认知 |

从表 5-1 可以看出，不同的学者由于研究问题的关注点不同，对意义建构的概念界定有较大的出入。Waterman（1990）将建构主义学习观引入意义建构，认为意义建构就是对内部或外部的刺激的一种同化和顺应。Thomas 等（1993）认为意义建构包括自己理解、解释、创建等活动。Soneshiein（2010）将意义建构界定为一个回顾和展望的反复循环过程。

这一概念的不一致也导致了意义建构过程的不一致，引发研究的混乱。例如，有学者将意义建构的整体过程命名为意义建构的过程，而有学者认为这一意义的不

断演进是意义建构（sensemaking）和意义给赋（sensegiving）的结合，有学者
将其分得更细，引入了意义打破（sensebreaking）或意义获取（sensetaking）。
他们的差别在于将意义建构过程进行何种程度的细分。在意义建构、意义给赋、
意义打破、意义获取这四个概念中，目前被普遍接受的是意义建构这一概念；此外，
自从 Gioia 和 Chittipeddi（1991）引入了"意义给赋"这一概念后，意义给赋也
已经引起一些学者的重视，并被普遍接纳，而意义打破、意义获取这两个概念因
为引入时间较短、使用的范围较窄、频率较低，还没有受到普遍的重视。

本章认为意义建构与意义给赋是两个相互联系的过程。意义建构是要在当时
的社会情境下去学习或观察意义建构的情境，去再现意义建构。通过对当时内外
情况、信息和情境的观察和阐述，研究者去理解研究对象建构意义的要素。意义
给赋是将其理解的意义传递出去，进而影响他人的意义建构。因此，在意义建构
的过程中，主体间的问题就非常重要，研究者和研究对象之间在充满主观认知的
世界中感知的环境是否一样，感觉材料一样的前提下所建构的意义是否一样都受
个人主观因素的影响。

意义建构通常包括社会层面的意义建构和个体层面的意义建构。社会层面的
意义建构是认为组织的意义建构或对某件事情的意义建构是可以一致并分享的。
个体层面的意义建构认为人们的意义是存在异质性的，究其原因，有学者将其归
结为解释活动的多重扭曲，而这种扭曲源于不完整和不准确的信息；也有学者认
为这种异质来源于身份的不同。当然，也有研究个体和社会意义建构的互动，如
研究网络中意义建构到群体行为的演进机制。

### 2. 意义建构的特点

Weick（1995）将意义建构归结为 7 个特点：（1）基于身份建构的；（2）反思的；
（3）对敏感的环境活跃的；（4）社交的；（5）持续的；（6）聚焦的、通过线索提取的；
（7）由貌似可行而不是精确驱动的。

Sandberg 和 Tsoukas（2015）则认为意义建构是合理的和难忘的，植根于过
去的经验和期望，保持自我并与他人共鸣，具有含混（多义性 equivocality）的
特点。

## 5.2.2 目前国内意义建构研究的整体情况

本小节基于现象学的方法，首先以"意义建构""意义生成"为篇名，对中

国知网中的相关文献进行检索分析。之所以将"意义建构"和"意义生成"分别进行检索，是因为我国目前在这两个词汇的使用上存在混用现象①。

检索结果如下：以"意义建构"为篇名的检索中：外国语言文学和教育学中相关的文献最多。中国和外国语言文字的文献共有 174 篇，学前教育加上初、中、高等教育和教育理论的文献共有 148 篇，中国文学和外国文学和文艺理论的文献共有 50 篇。而以"意义生成"为篇名的文献中：中国文学和世界文学共有 164 篇，主要研究的是小说、诗歌、经典作品等文本的意义生成；中国和外国语言文字共有 79 篇，主要包括微博热门话题、电视公益广告多模态分析、网络语言、新闻话语；初、中、高等教育和教育理论共有 92 篇；其余的则为哲学 37 篇、新闻与传播 23 篇等。

通过上面的检索可以看到，意义建构和意义生成的文献大多集中在三个方面：1. 中国和外国语言文学，在文学研究中是将意义建构建立在阐释学基础上的，主要通过体裁，如传记、叙事体、互文等对进行分析，研究叙事层次、图像方式等对意义建构的影响。其实也就是语言学的分析；2. 教育学针对建构主义学习观的研究，根据皮亚杰（J. Piaget）的认知发展理论，人在与环境的相互作用中，不断建构和修正原有知识结构。新经验被同化到原有经验结构中，形成更深层、更丰富、更灵活的认知结构。"同化"和"顺应"是认知发展的两个基本过程，这两个过程在信息行为中同样存在；3. 中国和外国语言文字的研究，在语言文字中主要是通过隐喻（多模态隐喻和空间隐喻等）、符际互补理论、不同语境下的意义建构，这也是语言学的分析。此外，新闻与传媒关于意义建构的研究大多也是从语言文学角度出发进行的分析，而计算机技术中主要使用的是人工语言，是从逻辑学的角度来进行分析。这一结果说明了目前我们对于意义的研究主要停留在语言层面上。

5.2.1 小节中所讲的意义建构和意义给赋在国内研究的很少。只有随莉莉（2012）、尚玉钒（2010）就国内组织在意义建构中存在的问题进行分析，以及卢东等（2009）、林海芬和苏敬勤（2013）对国外的意义建构理论进行综述和介绍。

由此可见，由于意义建构理论在 21 世纪以后才引入我国，不论从数量、质量、研究深度、研究层次方面，国内外在意义建构方面的差距都是很大的。国外对于意义建构的研究相对较多，国内对于意义建构的研究凤毛麟角。国外在这两种类

---

① 详见 5.2.1，1. 意义建构的定义。

型三种层次的建构均有涉及，国内的意义建构主要集中在组织层面上，主要研究组织及组织中的管理者在组织变革中的意义建构，在个体层面和个体与组织层面之间的研究相对较少。

之所以进行意义建构的相关文献检索综述，是因为这些意义建构研究与我们所要做的意义建构研究虽然不同，但是我们要做的意义建构的研究需要以这些已经较成熟的研究为工具，借鉴他们的理论和研究方法。

### 5.2.3 意义建构的过程

意义建构始于意义建构者（sensemaker）。意义建构者可以是一个个人，也可以是个人的集合。意义建构是个人活动，但是个人的感知和行为受他人的感知和行为的影响。因此，意义建构既是个人的活动，也是集体的活动。

意义建构活动是一个不断重复的螺旋上升，始于内外部情境的变化，意义建构者基于自己的身份和感知的情境，当其身份感被质疑或挑战的时候，个人身份再确定的驱动力源于自我提升、自我效率和自我一致。因此，一个人参与意义建构通过经历持续的再确定自我和尝试决定哪个自我是更合适的。通过这个持续的与环境相互作用的过程，一个人与感知的威胁联系或分离，以建立自己的身份，并以此来建构自己新的意义，因此，意义建构终于意义的重新建构或意义的恢复。

Zhang 和 Soergel（2014）针对个人的意义建构研究作了一个综述文章。文章对现存的从学习理论和认知理论发展而来的意义建构模型进行了综述，包括了人机交互系统、认知系统、组织沟通、图书馆和信息科学、学习理论、认知心理学和任务为基础的信息搜寻中的意义建构模型。该文共介绍了 3 个意义建构模型，意义建构的思维过程，由这些合成导致的模型转向一个更强有力的解释意义行为和概念变化的阐述。这一模型显示迭代的意义建构过程，扩展现存的关注合成认知机制（Ashforth, et al., 2008）。

在前面意义建构的定义进行分析的过程中，曾经提起过意义建构概念的模糊性导致意义建构过程的不确定性。有学者认为意义建构过程有三个相互关联的过程组成：创造、解释和实施，也就是将意义建构、意义给赋作为一个过程。也有学者将意义建构和意义给赋分开，认为意义给赋是由意义建构的概念引发出来，是意义建构的自然延伸。

图 5-1 表示了战略转变中意义建构和意义给赋的关系：组织的利益相关者群体在面临新的信息时，尝试理解提出的愿景的意义（意义建构），相应地评估他们的

理解，利益相关者参与他们自己的意义给赋，当他们相应的行为对愿景作出接受和承诺时，他们也就愿意与他人沟通他们的解释的愿景（意义给赋），同时也决定了他人的反应和对反映归因意义（意义建构）这一反复的和顺序的、对自己意义建构和对他人意义给赋的过程（Sandberg 和 Tsoukas，2015）。Lian（2010）将意义生成和意义给赋的关系表示为图 5-2：意义生成即为信息转化的过程，而意义给赋即为信息输出的过程。

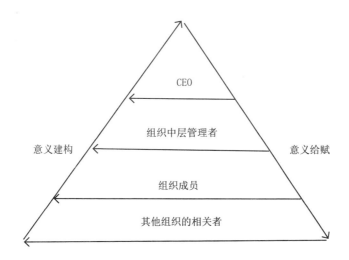

**图 5-1 战略转变中的意义建构和意义给赋（Sandberg 和 Tsoukas，2015）**

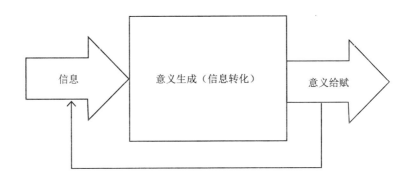

**图 5-2 意义建构——意义给赋模型（Lian，2010）**

## 5.3 意义建构的研究方法

我们的日常生活世界是充满主观意义的世界，而研究者进入研究对象的特定情境主要通过搜集关于研究对象对某方面的认知、体验、价值观、信念等方面的信息，这些信息体现的是研究对象的主观意识世界，研究者搜集这些信息的目的是为了对其进行分析、理解和建构，这涉及到三个问题：研究者能否进入被研究者的意义域，研究者进入意义域之后如何完成主体间的"理解"，研究者如何达到对意义的表述再现或意义重构（甄巍然，2012）。

在寻求这一答案的过程中，Weick（2012）认为意义建构在很大程度上是语言、谈话和沟通活动。而莫斯对质性研究的研究问题和方法的分析则认为意义类问题应当以现象学为研究框架，而现象学的研究采用的主要方法是描述法、选择录音"谈话"、笔录个人"逸事"等方法（甄巍然，2012）。有人认为20世纪西方哲学的一切变革和变化，都发生在它的语言基础上。这种变革，即哲学的语言转向，不仅影响到哲学的基本范畴和概念，还影响到它的基本观点和方法与此相关的理论（蔡曙山，2006）。

通过文献检索，目前对意义建构进行研究的方法最后大都落实到话语和叙事两种分析中。特别是通过话语分析对意义进行解读的最多。本章5.2.2小节对意义建构的文献综述发现，在中外文学研究中更多地使用叙事分析，而在中外文字研究中更多地使用话语分析。由此可见，意义建构最常使用的研究方法是话语和叙事。当然话语和叙事也会时常结合起来使用，而不是分开使用，有时还运用解释性框架来发展相应的理论。

### 5.3.1 话语

话语分析历史悠久，最早研究的是现代意义的修辞学，主要用于修辞学、文体学和文学研究之中。20世纪50年代以后，随着符号学、人类学、认知科学、人工智能、心理学、交际学、历史学、社会学的蓬勃发展，话语分析广泛吸收这些学科的研究成果，出现了一些跨学科的、系统的话语分析理论和方法。

"话语"本来指构成完整单位的、大于句子的语段。话语分析在意义研究中非常重要，甚至有学者认为意义的呈现即为话语。话语分析包括话语内容分析和话语形式分析，常见的话语分析是对话语内容的分析，包括写作文本、口头交谈和媒体传播文本（广告、摄影图片等）。旅游中的话语常被认为包括图片、文本、音像、口头语言等，通常见于旅游宣传册与宣传片、旅游广告、游记、大众媒体、旅游地图、解说、标示、旅游博客等的研究，这也是目前常见的利用话语进行意义分析的方法。

　　本章的重点不在于语义学和语用学的分析本身，而在于通过话语的表达层深入到意义层，注重社会文化语境和认知的作用。社会科学者往往侧重研究话语与语境的关系、话语与权力的关系、话语与互动的关系、话语与认知的关系等。如福柯在《词与物》中，透过话语反映了社会的权利，他认为哪里有话语，哪里就有权力，权力是话语运作的无所不在的支配力量。而费尔克劳夫的批评理论认为话语权力具有隐蔽的特性，只要有话语，权力就发生作用，而且处于从属地位的参与者往往相信权力及行使权力的合法性，从而使权力得以成功实施。话语权力主要通过语言表述来达到一种意义、价值和规范的建构，这种建构和政治制度法律意义上的直接建构一样，规范着人们的思想行为、价值观念。

　　目前，意义建构中的话语分析研究主要表现为以下两个方面：

### 1. 多模态分析

　　多模态话语是一种融合了文字、声音、形象、动作等多种交流模态来传递信息的语篇。在多模态话语中，语言与其他符号资源共存，共同构建意义。颜色、声音、图像、画面等几种交际模态，他们可能处于依附（层级附属）、互补（意义补缺、消除歧义）、意义一致（强化）这几种关系。目前多模态研究者的分析路径大体一致。首先对多模态语片进行模态解构，然后借助单模态的语法框架（如视觉语法进行意义解读），最后进行多模态意义整合，探讨多种模态如何共同作用产生新的整体意义。但是对各种模态之间的相互关系的阐述比较零散，不具备系统性。

　　目前旅游中应用的多模态分析主要对一些旅游目的地、旅游产品的会徽、标识、海报等进行阐释。使用的理论有克瑞斯（Kress）和勒文（Van Leeuwen）的视觉语法（Visual Grammar），简内特·琼斯的多模态内容分析（Multimodal Content Analysis）等。如张萌（2015）分析了安徽省旅游形象标识，解读语言文字、图像、色彩等模态如何共同作用以建构意义，马芳雅（2015）对 2016 年里约热内卢奥运会的会徽进行了多模态话语分析，邢慧臻（2013）、邢慧臻和任培红（2014）分别对中国洛阳牡丹文化节的 30 幅海报和第 30 届中国洛阳牡丹文化节的节徽进行了多模态分析，探讨了花会类海报中语言和图像等符号的社会功能和意义构建特点，阐释了多模态海报语篇中共现的多种符号模态如何通过聚合产生"合力"来共同参与意义建构的过程，以顺应观众的意识形态。

### 2. 引入社会学视角的话语分析

批判解释学、沟通行动理论、常人方法论、后结构主义社会理论等都可视为语言学转向的社会理论成果。如郭英（2005）对云南和新疆官网上的民族旅游的宣传材料进行文本分析，并对旅游虚拟社区的旅游文化再生产进行研究，最后用批评的视角，发现民族旅游的形象反映的是中国经济发达地区或者是中心城市、汉族中年或者是青年男性的视野。刘志平和陈静（2015）以 Martin 和 White 的评价理论及其三大子系统为依据，系统分析 2012 年保定旅游局公布的宣传片和 6 则旅游宣传主题口号中的语言使用情况，重点对其中传达的评价意义进行研究；并结合实际对其评价特征进行综合分析，找到优势和不足，提出改善策略用得比较多的是批判话语分析。

批评性话语分析是一种以韩礼德的系统功能语言学为主要理论根据的语篇分析方法，它通过语言分析来展示语言与社会的关系，尤其是语言和意识形态之间的关系。胡华芳（2011）通过批判性话语分析方法，对《人民日报》和《纽约时报》报道中国成功举办 2008 年奥运会的相关新闻进行了分析，通过采用费尔克拉夫的三向度模型，借鉴韩礼德关于语言三大元功能的论述和"互文性"这一文本的基本属性来描述文本间相互建构的关系，表明美国的意识形态悄悄地植入在看似公正、理应公正的奥运新闻报道中。张洒丽（2013）则以天姥山旅游宣传视频为研究材料，采用批判话语分析的研究方法，结合文本和视频图片等多媒体材料，探讨了天姥山是如何从自然景观话语成功向文化话语转变的。姜克银（2012）运用批判话语分析的方法，深入讨论了"塞上回族文化旅游名城"的庞大知识体系，并运用谱系学的方法，不但从历史的角度分析了"塞上回族文化旅游名城"的意义"霸权"，而且指出了散落在民间的、个体的、差异的意义碎片对于丰富"纳家户村落"文本理解的重要性，最后运用孔子的春秋笔法，将四方形寨子、上寺、捏码子、八宝茶等这些充满相似性、连续性、异质性，甚至矛盾性的多元意义呈现了出来，从而让"纳家户村落"进入到一个丰富的意义世界。此外，李靖（2014）对云南西双版纳景洪市傣历新年节这一节庆空间的话语进行分析，认为政府的参与和界定直接影响到节庆空间的表述，使其呈现出多元复杂性，并认为国内民族节庆的官方性运作的特点要求对节庆旅游空间的单向权力结构分析转向对权力的流动和对权力利用的创造性的考察，分析角色的具体多元性、角色本身的行动话语以及他们之间的互动所上演的"戏剧"。随莉莉（2012）运用话语结合解释性框架，对兖矿国泰化工有限公司中层管理者在变革的意义建构和意义给赋中的作用进行分析，用一阶分析对访谈记录进行整理，用二阶分析把这些叙述转向理论化层面，建立了一个解释性框架。

加芬克尔在现象学社会学中提出的常人方法论，也是一种话语分析的方法，赵男（2010）将其应用到对旅游情景的日常理性的研究中。

应当指出的是，话语分析有微观和宏观两个层面，也可将两者结合进行。微观层面是指单独的个人的叙述，宏观层面关注外部观察者对组织间对媒介报道的反应。他们分析那些报道形成公众意见，媒介意见如何重建一些统治和不公平的建构。微观的视角来说，有针对某一现象进行深入调查的，如崔庆明等（2014）对西藏自驾旅游者对西藏之行意义的调查；也有关注意义建构的多重音调、展现被包括的群体的不同视角的，如崔庆明和徐红罳（2012）的野象的迷思，展现了野象谷的游客、管理人员、当地居民等对野象出现造成的人—象冲突中危险的感知及反应，而宏观方面的就是通过各种演说、宣传材料来看分析意义的建构，主要关注媒介文本中的借喻、意识形态和种类。

在话语分析的资料获取方面，微观层面的研究中，第一种也是最主要的资料获取方法是开放式访谈，可能使用半结构式访谈和开放式访谈的形式，跟关键人员进行深入的沟通。第二种数据收集方法是参与观察。第三种方式是查看二手文献，当然包括组织内部资料、个人信息等。各种资料之间可以互相佐证，例如，参与观察可以帮助研究者确定参与者的非语言线索和行为，通过三角矫正以提升数据的可信度。宏观层面的资料主要来源于大众媒介，如报纸、电视、网络等的宣传视频、会徽、海报，公开发表的演讲等。

## 5.3.2 叙事

和话语分析一样，叙事分析也在很多学科中受到重视。对意义建构感兴趣的理论家认为叙述（叙事）是主要的认知工具，如 Weick（1995）就认为意义建构最需要的是一个好的故事。

叙事有广义和狭义两种概念：狭义的叙事主要用于文学研究中，是语言学和文学等领域常用的手法，重点研究叙事的时序、语式、语态等；广义的叙事综合了符号学、语言学、叙事学等相关理论，它着重研究的是叙事的普遍特征，即故事的普遍结构。

叙事研究是研究者将自身的体验转化为在时间上具有意义的情节片段的一种基本方式。叙事将事件串联起来，从而使事件根据自己的时间位置和在整个故事中的作用而获得意义（应星，2006）。目前我国对叙事与意义的研究主要集中在文学研究（CNKI 查询文献 886 篇）中，如小说和视频的叙事研究。其次则集中于新闻与传媒研究中（CNKI 查询文献 128 篇），主要对《我是歌手》《非诚勿扰》《中国好声音》《康熙来了》等知名栏目进行叙事分析或者特定体裁新闻的叙事分析，也包括故事类节目、灾难类新闻、财经新闻、人物类特稿的叙事学分析。目前，叙事在旅游和节事活动的意义研究中应用还很少。

叙事，从本质上来说，就是讲述者把一系列的人物与事件以某种合理的方式组合在一起，使之成为一个有意义的结构，这就是叙事的所指。叙事对信息进行选择与组合，甚至有一些是虚假的信息，受访者会基于后见之明对事件进行过滤、编辑、再分类，从而实现对事件的"重构"，而研究者会对叙事进行再概念化。所以，社会科学研究中所说的叙事不再是很多人所理解的日常生活故事，而这也恰恰是叙事具有意义的原因。叙事因为在叙事和分析过程中的强主观性而饱受争议。叙事分析很多要靠研究者的理论敏感性。与话语相比，叙事研究应用到意义建构中的更少。

Maclean 等（2011）对商业精英采访中的 16 个人都是作者的多年私交，访谈在受访者家中进行，受访者被要求讲述他们的职业历史，关注他们的家庭背景、教育、关键转折点和职业过渡，整个访谈被记录和翻译。通过分析发现，印象管理在他们的叙事中发挥重要作用。张颖（2013）从多民族文化表述的角度出发，对南猛苗族传统"鼓藏节"三种文化空间中的族群"身体文本"进行解读与阐释，从"他群"南猛苗人的价值体系出发认知其整体与原真的"生命本文"。白凯（2012）以作者自我叙事的方式，对回族宗教活动的存在主义意涵进行了主题意象性解读，构架了回族宗教活动空间的核心即家、清真寺和坟园。张成福（2011）从田横祭海节上民俗传承主体讲述的关于修建土地庙、龙王庙、天后庙、文君庙等庙宇的个人叙事和生活史中，发现个人叙事与传统建构的关系就是：传统是一个过程，个人叙事在传统不断被建构的过程中发挥着重建、发扬、新建并不断强化的作用。

此外，谭路乔（2015）通过对旅行游记畅销书的叙事框架进行分析，得出 4 个基本的叙事框架，分别是通过旅途追问个人存在意义，注重发展多元的人际关系，对现代城市的逃离与对乡野的向往，以及重视直接的感官体验。对游记文本进行内容分析得出其内容具有较高的同质化，主要集中在自由、生命意义；梦想、理想；思考流浪、旅行；人际关系，家庭、亲情；爱情等 17 个类目中，而在叙事框架和类目之间也有对应关系。这是一个叙事的分析，是通过在不同的故事中寻找共同的要素。

叙事研究中更多的是民族志的方法，如生命史访谈、自我民族志等，也有通过半参与式和参与式田野考察得到的资料。叙事是通过后见之明的基于印象管理和归因的利己主义对发生的事件进行重新组合，而叙事研究就是对研究对象的叙事内容、叙事时间、叙事顺序等进行分析以发现意义。叙事是否成功在于研究者的问题感，即研究者是否具有敏锐的问题意识，此外，对意义建构的研究方法还有深入观察意义行为。它是影响组织个体成员和组织群体层面认知的重要机制。这些管理行为概括地讲主要包括两个重叠的行为："选择行为"和"连接行为"，前者是针对组织变革战略信息的选择性解读，后者是管理者为了实现"被选择"后的信息能够被有效传递而采取的诸如语言、行动等。

### 5.3.3 总结

通过上面对意义建构及其研究方法的文献综述可以看出：

（1）目前意义建构还没有成为一门成熟的理论。从概念上讲，意义建构及其过程的研究并没有形成相对一致的看法，意义建构、意义给赋等相关概念还没有严格的划分开，这些都对于后面的研究和这一理论的普及会产生较大隐患。

（2）目前意义建构的研究主要是回顾的视角。在意义建构的研究中主要受胡塞尔的现象学意向论影响，意义建构是基于回顾视角、对过去发生的事情进行的分析和重构，而作者认为在意义建构的过程中，绝对现在和直接将来的时间维度也会对叙述和话语产生非常大的影响，并直接影响意义建构。

（3）潜在语言之下的行动的意义应当如何理解和建构？本章意义建构的研究方法主要体现在语言方面，而语言知识呈现意义的方法之一，其他的呈现意义的方法如何能够较客观的呈现意义是今后研究的一个方向。

（4）叙事分析和话语分析在我国进行意义建构的研究中都还没有很好地发挥作用，应注意哪些类别的话语分析实践可用于意义建构，发挥什么作用，为什么它们更能发挥作用。

## 5.4 中国洛阳牡丹文化节意义建构

### 5.4.1 目前的花会意义研究

中国洛阳牡丹文化节是我国第一个现代旅游节事，从 1983 年首次举办以来，洛阳牡丹花会（以下也简称"花会"）已经举办了 33 届。张楠楠（2007）对洛阳牡丹花会的发展史进行研究,通过对新闻资料和当地地方志等资料的搜集和访谈后,将洛阳牡丹花会的发展大致分为三个阶段：初始阶段（1982—1991）、创新中求发展阶段（1992—2001）、进一步发展阶段（2002—   ）。2010年洛阳牡丹花会成为国家非物质文化遗产，2011年洛阳牡丹花会正式更名为中国洛阳牡丹文化节，成为国家文化部和河南省政府主办的国家级节事。

经历了30多年的发展，在很多节事活动纷纷停办、瘦身的环境下，花会发展为洛阳的一张亮丽的名片，为洛阳市经济发展、形象提升、文化繁荣发挥了巨大的作用。

目前，关于花会的研究主要集中在经济和管理方面，从意义方面来研究花会的文献很少。邢慧臻（2013）运用多模态话语分析理论，通过对第30届中国洛阳牡丹文化节的节徽进行图像、颜色、语言文字、版式设计等方面的分析，认为洛阳牡丹文化节的节徽能够体现历史性、文化性和现实性，并以系统功能语言学基础上发展起来的多模态语篇分析框架为理论基础，以中国洛阳牡丹文化节一幅海报为例，分别从图像部分和文字部分两方面进行分析，旨在探讨海报中图像和文字等符号如何在多模态语篇中实现符际互补关系，共同参与意义表达和社会现实的构建。王院成和马信强（2011）对洛阳牡丹花会的发展历程进行研究，分别解读了中国传统节庆的原旨、国外节庆的主旨价值并对洛阳牡丹花会的指导思想变迁进行回顾，在此基础上，回顾了洛阳牡丹花会发展历程及其困境，指出把握旅游节庆的主旨精神、民众性和市场化的回归。

可以看出，目前花会的意义主要是基于语言学，研究视角相对单一，研究内容单薄，涉及到的利益主体很少，不能很好地阐释花会的意义及其变迁。

### 5.4.2 花会意义建构及变迁研究初探

从管理学角度来看，花会是一个组织，而这一组织在社会中存在，通过行动和意义与各利益主体产生直接或间接的联系从而形成花会复杂的社会关系。花会的主要利益主体包括：主办方、政府、当地居民、赞助商、游客、工作人员等等。花会从其诞生之日起，就有浓重的政府痕迹，虽然政府在不断地退出花会的管理，但是政府在其中的作用还是非常明显。当地居民对牡丹的热爱是牡丹花会长久举办的不竭动力。此外，游客、相关服务人员、赞助商等等都是花会重要的利益主体。

在33年的发展中，花会由一个"节庆搭台·经济唱戏"的幌子发展成一个每年创造百亿旅游收入的国家级大型节事。虽然目前已经有关于花会的意义分析，但是只在表达层，没有涉及到意义变迁的真正原因和动力。作者希望能够通过对花会的话语分析和叙事分析来揭示花会发展 33 年的过程中政府、当地居民对花会的意义建构和意义变迁。这是一个纵向的案例研究。在这一问题之下设计一些子问题，如花会意义的变迁经历哪几个阶段，有哪些关键事件？各阶段中各利益主体感知到的情境是什么？这一情境背后隐藏的权力关系？各利益相关者面临变化的情境的意义建构是什么？不同阶段各利益主体的意义给赋行动？各利益主体观察到的由于自己的行动而导致的相关利益群体的反应。

意义变迁需要进行纵向的案例研究，所以很多研究都需要通过关键人物的回忆而形成。因此关于花会的自我民族志的叙事回顾是一种很好的研究方法，这些关键人物的选择也很费时费力。通过对叙事进行分析可以得出花会分享的意义，而各利益主体异质性的意义也可以通过叙事得到。在意义建构和变迁的过程中，总有一些关键事件，这些事件就是意义变迁的横断面。在这一事件发生时间，各方因为自己的利益而进行角力，通过话语分析可以了解他们感知的情境，以及通过话语研究背后的权力关系对意义变迁的影响。

个人的意义建构并不能完全代表组织的意义建构，因此，需要从大众媒介方面获取历年开幕式相关的领导致辞、花会的主题、口号、花会 7 个不同的会徽的多模态分析，花会期间各项主题活动和配套活动的演变、一些其他的二手资料来分析意义的变迁，这些语料需要用话语分析的相关理论进行分析，对自我民族志的叙事形成佐证，验证关键人物与组织之间的互动。此外，还需获取花会相关的二手数据，比如花会期间洛阳的游客数量、增量等。

# 第 6 章

# "租值消散" 对节事业管理的启示

地区间旅游业的竞争日益激烈，区域旅游竞争力的提升需要一个好的品牌或形象。节事经常被视为一种吸引物、催化剂或者地方形象的塑造者，同时被视为一种目的地营销的方式（Getz，2008），因此节事已成为一种展现地方文化、塑造城市品牌、提高地区旅游竞争力的重要方式。然而，面对琳琅满目的节事，真正给旅游者留下深刻印象的活动不多。与此同时，各地在组织节事活动时，考虑其文化、社会等效应，经济收益不佳的节事仍将持续举办，导致市场竞争、考核机制缺失，影响了节事行业的健康发展（王晓敏和戴光全，2013）。本章从制度经济学的产权理论出发，借助"租值消散"理论分析节事业发展现状及形成原因，并从行业管理角度出发提出了针对性的对策。

# 6.1 国内外相关研究进展

## 6.1.1 节事发展研究

国外节事的研究开始较早，20 世纪 80 年代已经出现了专门研究事件的论文和专著；20 世纪 90 年代研究更加活跃和深入，其研究的内容涉及节事的定义、概念体系与分类、节事活动对地方品牌化的作用、节事活动的产品化和经营、参与节事活动的旅游者、节事举办地的政策适应、节事策划、规划和管理、节事活动影响及评估、节事业（event industry）的跨学科研究等方面（戴光全，雷嫚嫚等，2012）。国外对节事旅游发展的研究表现在节事旅游的供给及需求两方面，对这两方面的研究又可从宏观及微观层面展开。节事旅游供给宏观方面，包括节事发展政策研究、地区推动节事旅游发展等方面（Getz，2008）；微观方面包括节事旅游组织、设计、管理等（Frisby and Getz，1989；Getz，1989，2004；Getz，et al.，2001）。节事旅游需求宏观方面，包括节事旅游需求市场时空特征（Janiskee，1996）、发展趋势等；微观方面包括节事旅游者的构成、需求、消费、体验等（Chang，2006；Crompton and Mckay，1997；Burr and Scott，2004）。

戴光全、左平等（2012）通过对比近年国内外节事旅游的研究，分析了我国节事旅游的研究情况：以相关研究文献的关键词为标准，发现国内节事研究关键词出现次数排在前五位的依次是：节事 / 事件吸引物、社区发展、节事的生产 / 运作、节事 / 事件产品、节事 / 事件的影响。此外，激励和吸引节事、对组织者资助、游客体验、组织者 / 赞助者、节事消费等也属于节事发展研究的重点。对比国内外有关节事旅游的研究，发现现有节事旅游的研究主要集中在节事旅游的基础理论、节事旅游的经济及社会作用（余青等，2004）、节事运作模式（辜应康等，2005）、节事企业运营（王晓云等，2007）、节事参与者动机（朱诗荟和姜洪涛，2012）、体验及社区居民感知等方面（宋振春和陈方英，2008），但在节事旅游发展环境，及节事业发展政策方面的研究不多。本章借鉴产权理论中的"租值消散"现象，将节事旅游类比为"公海渔业"，解释了随着节事活动举办的数量增加，节事旅游"租值"逐步消散的过程；同时提出了针对性的措施。

### 6.1.2 产权理论及租值消散的相关研究

西方产权思想研究可追溯到古典经济学，而西方现代产权理论的系统提出是在 20 世纪 30 年代（徐颖，2004）。1960 年科斯发表了《社会成本问题》一文，对产权的研究进入一个新的阶段，他提出了在交易费用不为零的情况下，权利配置会对资源配置产生不同的影响（赵子忱，1998）。1968 年哈丁提出了"公地悲剧"，掀起了对产权制度研究新的热潮（阳晓伟和杨春学，2019）。"公地悲剧"描述的是：假定一群牧民在一块公共草场放牧。一个牧民想多养一只羊增加个人收益，虽然他明知草场上羊的数量已经太多了，再增加羊的数目，将使草场的质量下降，牧民将如何选择？如果每人都从自己私利出发，肯定会选择多养羊获取收益，因为草场退化的代价由大家负担。当每一位牧民都采取此策略，草场将持续退化，直至无法养羊，最终导致所有牧民破产。

产权理论强调了产权对优化资源配置的重要性，提出资源如果没有排他性的所有权，就会导致被过度使用。产权不明晰的情况在旅游开发过程中较为常见，因此该理论经常被运用于景区开发等领域的研究（Briassoulis，2002；饶品样和李树民，2008；李鹏和保继刚，2010）。与旅游景区开发相比，节事业的发展不一定依赖稀缺的自然资源，但由于节事旅游的举办是一个"有利可图"的市场，具备一定条件的主体都可以进入该市场，因此也会存在过度"放牧"的现象；最终导致 "无主收入" 消失，产生"租值消散"。

### 6.1.3 产权及"租值消散"视角下节事业的发展分析

"租值消散"（dissipation of rent）起自于 Gordon 的一篇关于"公海渔业"的文章（张五常，2011）：以公海捕鱼为例，"如果海洋是私产，业主雇佣工人捕钓，人数增加，捕钓的边际所获或产出的价值会下降，业主雇佣工人的数量或捕钓的时间，达到工资等于产出的边际价值停下来。在这点上，工人的平均产出所值一定高于边际产出所值。这二者的相差乘以捕钓的人数或时间就是海洋的租值（经济利润），归海洋业主所有。但假如海洋是公有，任何人可以随意捕钓，在竞争下，参与捕钓的均衡点是每个捕钓人的平均所获等于他另谋高就的收入，即渔业的工人平均产出所值等于他们的时间工资。达到这一点，海洋的租值是零。

图6-1显示了"租值消散"过程。横轴表示参与捕捞者的人数，纵轴表示收益，AR代表了捕捞者的平均收益曲线，MR表示捕捞者的边际收益曲线，BE表示从事其他行业的平均收入。随着捕捞者人数的增加，捕捞者平均收益及边际收益将下降；在海洋是公有的情况下，参与捕捞的人数最终停留在n点；此时C是BE的中点（边际收益曲线的斜率是平均收益曲线的两倍），阴影部分ABC的面积与CDE相等，经济利润为0，租值完全消散。在海洋是私产的条件下，当边际收入等于工人的工资时（捕捞者人数增加到m），业主的收益最大，不再雇佣工人；阴影部分ABC的面积代表了业主获得的经济利润。

根据"租值消散"理论，节事旅游的举办市场类似于"公海渔业"，是一个"有利可图"的市场，节事活动举办者属于"捕钓者"。如果有一个主体能决定该区域内合适的节事活动数量，为追求经济利益最大化，此时新增节事的边际效益等于举办者从事其他行业的平均收入，节事的最佳数量为m个。但在缺乏"控制"的情况下，节事举办者单独做决定，他们仅考虑自己的收益和支出，直到所有举办者的平均收入等于机会成本（从事其他行业的平均收入），举办节事不再有经济利润，节事活动数量为n。但在我国目前多数节事由政府为主导的情况下，考虑到节事活动对城市发展的综合带动作用，节事活动数量可能进一步增加（大于n），会出现节事活动的租值为负数，即"贴钱"举办节事的现象。

租值消散现象说明，随着节事活动的增多，举办节事的经济利润逐渐消散。节事活动"租值消散"过程，其本质是过度竞争带来的资源闲置。表现为：当节事活动数量过多时，单个节事的参入者人数减少，停留时间缩短等，最终节事相关设施及场地的使用率降低，节事举办者经济收益下降，直至经济利润为零，甚至为负数。"贴钱"的节事持续举办，将导致节事活动市场考核及淘汰机制缺失，影响整个行业的健康发展。

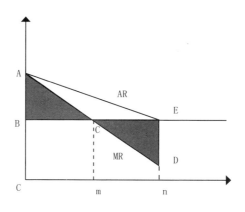

图 6-1  租值消散过程

## 6.2 节事业管理对策分析

"租值消散"反映了我国目前节事业发展所面临的问题，同时为我国节事业的发展、管理提供了启示。"租值完全消散需要无数竞争者，同时他们的竞争力无差别或者差别不大"（张五常，2011），因此要促进节事业的发展，可培育品牌性节事、对品牌性节事进行直接补助等。

### 6.2.1 控制节事数量，塑造品牌性节事

避免租值消散最直接的方式是限制节事举办的数量，但政府直接以行政审批的方式控制节事数量面临很多挑战。首先，不同区域间的利益难以统一，各地政府统一控制节事数量存在较大难度。与此同时，政府直接控制节事数量会导致一系列寻租行为，使得该制度的有效性大幅降低。其次，以行政审批控制节事的数量，与目前倡导的"以市场调节为主"的经济运行方式不相适应。

此外政府还可成立一个权威、公正的非营利性机构，每隔一定周期对全国范围内的节事活动进行评定，评选出具有深厚文化内涵、最具影响力和地方代表性的节事活动，形成数量有限的品牌性节事。与政府直接限制节事数量相比，评定数量有限的品牌性节事，是在发挥市场调节作用的基础上，形成、推动节事活动间的良性竞争。节事的评定可以广泛的吸纳群众的意见，同时实行动态考核机制，以确保市场调节作用的发挥。如从 2010 年起，在国家民族事务委员会、文化部、国家旅游局指导下，中国人类学民族学研究会和国际节庆协会（IFEA）联合主办了多届中国

民族节庆峰会，每年峰会举办期间将评定出"优秀民族节庆""最具特色民族节庆""最具国际影响力节庆""最具创新价值节庆""最具魅力节庆城市"等名单。

表 6-1　部分获评的最具特色的民族节庆

| 评定项目 | 2011 年 | 2012 年 |
|---|---|---|
| 最具特色民族节庆 | 第十三届南宁国际民歌艺术节 | 2012 年湘西土家族舍巴节 |
| | 2011 中国拉萨雪顿节 | 2012 年大姚彝族插花节 |
| | 第十二届中国·呼和浩特昭君文化节 | 2012 年"中国春社·睢水踩桥"民俗节 |
| | 2011 中国·吉林查干湖蒙古族民俗旅游节 | 2012 年中国畲乡三月三 |
| | 第十三届内蒙古乌审旗"敖伦胡日呼" | 2012 年莫力达瓦达斡尔族自治旗斡包节 |
| | 第八届中国（柳州·三江）侗族多耶节 | 第二届中国朝鲜族秋夕民俗节 |
| | 第四届绿色地平线——乌珠穆沁草原文化旅游节 | 第七届杭州龙门古镇民俗风情节 |
| | 第十届中国·贵州·雷山苗年节 | 2012 年四川珙县苗族踩山节 |
| | 第五届鄂尔多斯蒙古族民族民俗风情节 | 第三届川仡佬族吃新节 |
| | 第四届喀纳斯冰雪风情旅游节 | 2012 年海南黎族苗族传统节日"三月三" |
| | | "延边之夏" 2012 中国图们江文化旅游节 |

资料来源：
（1）腾讯新闻．2011．第二届中国民族节庆峰会在京隆重举行 [EB/OL]．(2011-10-31)[2019-11-11]．https://news.qq.com/a/20111031/000807.htm
（2）中国民俗学网．2012．"2012 中国优秀民族节庆"评选揭晓 [EB/OL]．(2012-09-11)[2019-11-11]．https://www.chinesefolklore.org.cn/web/index.php?NewsID=10771

优秀民族节庆的评选有利于推动节事业的发展，但对品牌性节事的评定还应从节事业的长远发展出发，控制品牌性节事的数量，同时对已获评的节事进行持续的关注，如成立专门的机构，定期报道品牌性节事最新发展等。

### 6.2.2 奖励标志性节事，塑造其竞争力

考虑到品牌性节事的举办能给地区发展带来正的外部性，政府应对这些节事进行奖励或补助，以提高节事举办者的积极性，激发他们的创新意识，塑造更有竞争力的节事活动。

政府奖励或补助品牌性节事对节事业的市场化运作有重要意义。以两个相邻的区域发展节事旅游为例：在两地均举办的情况下，由于竞争激烈，节事活动的经济收益都是负值（-a；-a）；在仅有一家举办的情况下，举办一方能获得利润 b；如果都不举办，二者的利润都是 0，此时双方进行博弈。（b；0）和（0；b）代表了两个不同的纳什均衡，而最终的结果取决于谁先采取行动；例如，A 先采取行动，

则博弈的结果是（0；b），即 A 举办，B 不举办。在由政府主导的情况下，考虑到
节事活动的综合效益，两地都举办，此时两者的经济收益均为负（表 6-2）。

表 6-2　节事举办者的博弈

| 两企业博弈策略 | | A 企业 | |
|---|---|---|---|
| | | 举办 | 不举办 |
| B 企业 | 举办 | -a；-a （+m） | b；0 |
| | 不举办 | 0；b （+m） | 0；0 |

但如果改变政府参与举办节事的形式——坚持以市场调节为基础，政府仅对评
选出的品牌性进行奖励或补助；如对 A 企业进行了补助或者奖励，资助额度为 m，
且 m>a；获得补助后，A 在博弈过程中存在占优策略，此时竞争的结果不再取决于
谁先采取行动——A 企业始终能获得正的收益，B 企业将逐步退出。

# 6.3 总结及建议

## 6.3.1 结论

本章根据产权理论中的"租值消散"现象，将节事旅游的举办类比为"公海渔
业"，节事举办者可自由进入该市场，竞争这部分收入；随着参与人数的增加，举
办者收入降低，最终收益与从事其他行业相等，此时租值消散至零。"租值消散"
描述了随着竞争者的加入，竞争者的经济利润逐步降低，较好地解释了我国节事业
发展现状。基于"租值消散"理论，本章提出了通过塑造有限的品牌性节事、对节
事进行直接奖励或补助等措施。

本章还认为节事活动数量过多而带来的"租值消散"，本质是相关资源的闲置，
表现为：参入者数量减少，停留时间缩短等，导致节事活动相关设施及资源的利用
率降低。"租值消散"是资源的一种闲置，对理解一个行业的发展过程有一定参考
意义；如在市场机会有限的情况下，随着越来越多的企业参与到该行业中，此时各
企业的经济收益将逐步下降。而行业内的企业要想获得更大的发展，可通过开拓新
的市场、推动产品创新等寻找新的市场机会。

### 6.3.2 不足及未来研究建议

本章对节事业的发展分析建立在 "租值消散"理论分析的基础上，在该模型中，认为随着竞争中的不断加入，节事举办者的平均收入呈线性下降；而在现实生活中，由于各个举办者的竞争力有差异，因此各举办者的收入影响程度会不一样。但作为一个理想的假设模型，它描述了随着节事数量的增多，举办节事的经济利润将逐步降低的过程，较好地解释了我国节事业发展的现状及面临的问题。后期的研究，可在如何评选品牌性节事、如何实施奖励制度以激发企业的积极性等方面做进一步的研究。

# 第 7 章

# 节事场景、节事动机与情绪的关系

随着产业规模不断扩大，节事逐渐成为旅游系统中的重要吸引物（戴光全等，2012）。一方面，节事构成旅游者进行旅游活动的重要动机；另一方面，在旅游目的地发展以及营销过程中，节事成为拓展目的地旅游潜力、吸引旅游客源、提升目的地形象的重要途径(Getz and Page,2016)。对于参与节事旅游的个体而言，节事体验超越日常生活体验而成为一种阈限体验，具有"一生一次"的独特意义，体验构成了节事的核心要素之一（Getz, 2012）。

节事场景（Eventscape）是构成节事体验的重要部分，即节事参与者对环境刺激要素的整体性认知体验。环境刺激既包括对有形的建筑、材料、设施设备等物理性要素，也包括无形的服务和社会环境要素。这些要素整合形成参与者认知节事的方式并影响和塑造参与者的行为（Tattersall and Cooper, 2014）。现有关于节事场景的研究多以环境心理学的刺激 - 机体 - 反应框架（Stimulus-Organism-Response Framework，简称 S-O-R 框架）为基础，探讨节事场景对参与者的情绪和行为的影响（Ramlee and Said, 2014）。节事场景通常被视为诱发情绪反应的原因，与情绪构成单向的因果关系。在这一理论框架内，节事场景与情绪之间的交互作用以及动机等个体性要素的影响等并未得到充分研究。

实际上，节事体验是通过内部刺激与外部刺激之间相互作用产生的复杂心理过程，包含意动、认知和情绪等三个维度（Getz, 2012）。客观环境作为外部刺激对参与者的感官系统产生直接作用。内部刺激包括个体的认知、情绪以及动机等复杂的心理要素。其中认知体验和情绪体验作为节事体验两个必要成分，往往互为因果且相伴相生（孟昭兰，2005）。认知 - 情绪交互理论认为，认知和情绪的加工过程彼此交互，且神经机制也存在功能整合，二者共同构成了个体行为活动的基础（龚雨玲，2011）。因此，节事场景作为参与者关于节事环境的认知体验，与参与者的情绪反应之间也存在相互关系。此外，动机作为个体心理和行为的关键驱动要素，与情绪之间存在着密切联系。在实践过程中，拥有不同动机的参与者在相同的外部环境刺激下也会产生差异性的体验结果，即在相同环境中不同的个体会因为动机的差异而产生不同的环境体验（Grayson and McNeill, 2009）。

本章从认知 - 情绪交互作用的理论视角，试图探讨节事场景、节事动机与情绪等因素之间的互动影响机制，进而对原有的理论框架进行补充，并帮助节事运营者在实践过程中，从参与者个性化需求的角度提升节事旅游产品的体验质量。

## 7.1 文献综述与研究假设

### 7.1.1 节事场景

节事场景是参与者在节事场域内，与各种环境刺激互动过程中形成的关于节事环境的认知体验。由于节事与服务一样具备暂时性、异质性、无形性、整体性等特征，参与者对节事环境的关注与消费者对服务环境的关注一样对整体体验具有显著意义（Mason and Paggiaro, 2012）。有关服务环境的研究主要源于 Kotler（1973）对商店环境的探讨，他认为除了有形产品或服务外，消费者更加关注整体产品，其中最显著的就是消费的"空间"，或者说周围环境的质量，通过设计消费环境可以影响消费者情绪进而影响购买行为。在此基础上，Bitner（1992）首次将服务场景（Servicescape）定义为服务场所的建筑环境（即人造的实体环境，区别于自然或社会环境），即能被服务企业控制的客观环境要素，包括周围条件、空间布局和功能、标识、符号以及工艺品等。尽管 Bitner 的服务场景框架对后续研究具有奠基性作用，仍存在过分关注有限空间内管理者可控的内部客观环境刺激等缺陷（Rosenbaum and Massiah, 2011）。研究者发现，在消费者与员工接触水平较高的服务情境中，相对于实体要素而言，社会要素（员工、其他消费者、社会拥挤以及融洽等）对环境感知以及消费者行为意向有更加显著的影响（Jang, et al., 2015）。总的来说，前期关于服务场景的研究更关注客观物理环境的实体性维度，后续研究逐渐意识到无形的服务以及社会要素的重要性。这种理论发展对节事场景的研究产生了深远影响。

Lee（2008）在服务场景的基础上首先将节事场景定义为参与者体验到的节事环境中各种有形刺激，包含周围环境条件、空间 / 设施、标志 / 符号 / 艺术品等三个维度。这些要素共同形成了参与者功能性及情感性感知节事的方式。早期节事场景的定义局限于对服务场景概念的延续，并未充分体现节事情境的特殊性。节事场景是各种环境刺激构成的复杂系统，除了有形要素外，还包括员工服务和娱乐项目等要素（Yang, et al., 2011）。相对于普通的服务情境而言，节事参与者的体验更多来自于参与者与环境设施、节事项目及节事中其他个体的互动，具有个体性和特殊性等特征（Getz, 1997）。因此，后续研究试图结合特定的节事情境，从节事的特殊性要素等方面对节事场景的概念界定尤其是维度划分进行拓展。

Tattersall 和 Cooper（2014）将节事场景定义为一系列环境要素的结合，包括外部变量、内部变量、人的变量、布局及设计变量、节事特殊设计变量等五个维度，尤其是节事特殊设计变量对参与者及其他利益相关者的情绪反应和体验具有重要作用。Mason 和 Paggiaro（2012）认为节事场景是参与者感知节事的方式，包括功能性和情感性要素，并从食物、娱乐、舒适、产品、事件活动等方面构建节事场景的框架。Gration 和 Raciti（2014）结合乡村节庆的特殊性提出节事场景囊括自然要素、社会环境、构造及实体属性、创新性表演的日程等四个维度。Fourie 和 Kruger（2015）从美食节的角度将节事场景划分为管理、价值、营销、便利设施、生活方式、商品的性价比、食物的性价比、农业展览、网络和贸易等九个维度。Lee 和 Chang（2016）以台湾土著节庆为例，认为节事场景就是节事场所本身以及周围的实体环境，包括节事流程、信息服务、纪念品以及设施便利性等方面。

综上所述，节事的特殊性在于参与者对表演、仪式过程、娱乐项目等节事特殊变量的突出关注。节事场景不仅局限于有形环境要素，也涵盖了无形的项目和服务以及员工、其他参与者等人的要素。本章将节事场景定义为参与者在节事场域内对环境要素（有形的实体环境和无形的服务及社会环境）的整体认知体验，包括节事特殊变量、外部变量、内部变量以及布局变量等四个维度。

### 7.1.2 情绪

情绪的产生既是一种生理反应，又是一种心理过程；情绪既是动物和人类共有的、与生俱来的先天本能，又是人类通过后天学习获得的行为表现（石林，2000）。如何对情绪进行定义、分类、测量历来都是该领域内研究者所面临的挑战。本章从环境心理学的视角对情绪的分类和测量方法进行整理。

Mehrabian 和 Russell（1974a）提出 S-O-R 系统框架，其中情绪被划分为愉悦、唤醒、控制三个维度，即 M&R 模型：愉悦指一种可以通过语义差异测量或者诸如微笑、笑声以及面部表情等行为指标来判别的一种感觉状态；唤醒指一种可以通过语义差异来测量的，从昏昏欲睡到极度兴奋的情绪反应维度；控制是用来评价一种体态的放松状态，独立于愉悦和唤醒。Russel 和 Pratt（1980）对 M&R 模型进行了调整，删除了控制维度，认为控制需要个体的认知解释，并不完全适用于情绪诱发的反应。愉悦和唤醒两个维度能够充分代表个体对多样化环境的情绪或情感反应。

Donovan 和 Rossiter（1982）将 S-O-R 框架引入商店氛围的研究，发现情绪的控制维度与消费者行为之间并不存在显著关联，并在其后续研究中仅保留了愉悦和唤醒两个维度。随后多数有关服务场景研究使用的情绪量表都以此为基础。Baker 等（1992）在探讨商店气氛对顾客决策影响的过程中发现周围环境刺激与社会刺激相互作用影响顾客的愉悦感，其中社会刺激会影响唤醒情绪。Wakejield 等（1996）在构建体育场景（Sportscape）时发现体育场馆的拥挤程度以及设施审美会直接影响观众的愉悦感。Swee（1997）探究了银行的服务场景对消费者情绪和行为的影响，结果表明服务场景变量对愉悦情绪的影响非常显著（Ang, et al., 1997）。McGoldrick 和 Pieros（1998）发现感知环境通过唤醒情绪对消费行为的影响，同时参与者的愉悦、唤醒等情绪通过消费频率、期望、动机等要素产生调节作用。Ryu 和 Jang（2007，2008）在研究饭店场景对消费者的影响时也仅仅保留了愉悦和唤醒这两个情绪维度。总的来说，在服务场景的研究中，愉悦和唤醒两个维度被广泛应用于情绪体验的测量，并且与参与者的环境体验存在密切关联。因此，本章认为在节事情境中，情绪和唤醒两个维度适用于测量个体与节事环境要素互动过程中产生的情绪体验。

### 7.1.3 节事动机

旅游动机是引发、维持个体的旅游活动并将其导向旅游目标的心理动力（黄希庭和游旭群，2003）。自 1970 年代至今，众多学者对旅游动机进行了研究，并且形成了推-拉因素理论以及逃离-寻求理论等两种主要的理论范式。Crompton（1979）认为需求的产生源自动机系统的失调或者紧张状态。这种失调的干扰使得机体产生一系列的行动来满足需求直到动机系统恢复到均衡状态。旅游行为的出现正是源于个体动机系统中需求的产生。关于旅游动机的讨论主要围绕"推"和"拉"的概念展开，其中"推"的因素指个体的社会心理动机，包括逃离日常环境、自我探索和评价、放松、声誉、回归、提升亲密关系、实现社会互动等 7 个维度；"拉"的因素指由目的地而非旅游者个体产生的动机，即文化动机，包括新奇、教育等两个维度。Dann 认为推-拉因素理论中"推"的因素主要源于个体的"失范（Anomie）"与"自我提升（Ego-enhancement）"。这些要素的存在有利于创造一个更好的世界，使得个体需要进行周期性的逃离，旅游最大的原因可以总结为一个词：逃离（Dann，1976，1977，1981）。Iso-Ahola 指出动机就是激起、指向和整合个体行为的内在要素，而个体进行休闲旅游两个主要原因：　是希望追求或者得到某种个人和（或）人际激励，例如娱乐的机会；二是逃离个人和（或）人际环境（Iso-Ahola，1987，1982，1983；Iso-Ahola and Allen，1982）。

目前有关节事动机的研究大多基于上述两种理论范式的结合。Scott（1995）在探讨不同节事的游客动机之间的差异性时将节事动机划分为社交、陪同家人、逃离日常、亲近自然、节庆兴奋、好奇等六个维度。Crompton 和 McKay（1997）发展了一个包括文化探索、新奇 / 回归、恢复平衡、熟悉群体的社交、外在互动 / 社交以及群居性六个维度的节事动机量表。Lee（2000）比较了参加不同群体的动机差异时，得到节事动机的 6 个维度：文化探索、家庭团聚、逃离、外在群体的社交、节事吸引、熟悉群体的社交，其中文化探索和节事吸引这两个因子上在不同细分市场的得分都很高（Lee，2000）。Yolal 等（2012）将节事动机划分为社交、兴奋、节事新奇、逃离、家庭团聚等五个维度，并且比较了 6 个不同节庆活动的参与者动机的差异性。Duran 和 Hamarat（2014）从文化探索、新奇、社交、节事吸引物、家庭团聚、逃离和兴奋等六个维度界定节事动机。Li 和 Wood（2016）以迷笛音乐节作为案例发现 7 个节事动机，其中"精神逃离"和"精神追求"为大陆乐迷参与音乐节的特殊动机，团聚、喜好音乐、新奇体验、分享音乐以及教育提升等动机则与西方乐迷类似。综上所述，本章认为节事动机是潜在节事参与者在进入节事情境之前以及参与过程中，激发个体产生参与行为的内心驱动力，包括逃离日常生活以及寻求刺激两个方面。

### 7.1.4 概念模型及假设

Mehrabian 和 Russell（1974b）的 S-O-R 框架指出环境要素（例如颜色、温度、灯光和声音）通过唤醒、愉悦以及控制等主要的情绪反应与行为反应相联系的过程。这个框架的核心在于个体对环境刺激的感知能够直接唤起情绪反应进而影响个体的行为。后续关于服务场景以及节事场景的研究多以此为基础，探究环境与情绪以及行为的关系。实际上，当客观刺激作用于个体感官时，通过各种感官之间的协调作用，个体的大脑根据事物的各种属性整合成事物的整体，从而形成事物的完整印象（胡正凡和林玉莲，2012）。服务场景就是消费者形成的对客观环境刺激的整体性认知，这些认知变量（质量、多样性、特殊性、性价比）进而影响个体的情绪体验。具体而言，服务场所的设施审美、气氛条件、员工等场景要素显著影响愉悦情绪；周围气氛条件和员工等要素对情绪的唤醒维度有显著影响。在节事情境中，由于特定环境要素本身（如音乐、气味、温度等）具有情绪特征，环境刺激诱发的情绪会改变瞬时的感知过程和行为结果。诸如设施便利性、节事产品、自然环境，尤其是节事项目等要素对参与者的愉悦情绪产生积极影响（Lee, et al., 2011）。另外，周围条件、布局 / 设计、服务接触 / 社会互动等环境要素也会直接影响节事参与者的情绪反应（Lee，2014）。由此可见，节事场景与参与者的情绪体验之间有显著关系。

因此，本章提出如下假设——

**H1：节事场景影响节事参与者的情绪**

目前有关节事场景的研究过分侧重节事场景对情绪的单向影响，忽略了情绪体验与节事场景的交互作用。环境对个体除了产生感知－认知意义之外，还会产生情绪意义，这种情绪意义同时影响个体的感知－认知过程。越来越多的研究开始倾向于认知与动机－情绪要素之间的动态整合。情绪与认知是一个涉及生理和心理多层次、多水平、复合型相互作用的复杂过程。二者关系不仅要从静态上考虑，在动态上它们既可同时发生，也可继时发生（许远理和郭德俊，2004）。现有关于情绪对认知的影响研究主要包括两个方面（Dai and Sternberg，2004），一方面研究情绪对信息的储存以及长期记忆中信息搜索的影响；另一方面更加关注情绪对信息加工方式以及个体对特定情境的评价的影响。此外，情绪与认知在神经机制上也存在诸多关联。神经科学证据表明（Pessoa，2008），高度连通性的大脑区域构成情绪与认知交互作用的核心，诸如下丘脑、杏仁核、前额叶皮层等传统认为的情绪脑区会参与认知加工过程。因此，不管从心理功能还是从神经机制等方面来看，个体的情绪体验都会对认知体验产生显著影响。

对于参与者而言，情绪体验作为一种持续性状态会随时随地影响个体对周围环境刺激的加工和理解过程，因此节事场景体验会受到情绪的动态影响。

本章提出如下假设——

**H2：参与者的情绪影响节事场景**

动机与情绪之间是相互联系的。弗洛伊德将情绪放在内驱力和无意识的框架内，认为情绪是一个欲表露的源于本能的心理能量的释放过程。情绪作为动机的后续反应通常衍生自个体的信念系统和目标导向。因此，在购物环境中消费者强烈的购物动机导致积极的情绪状态（Westbrook and Black，1985）。拥有强烈动机的消费者会通过对环境刺激施以更广泛的关注从而驱动愉悦和唤醒等情绪感受。购物动机越强，其愉悦和唤醒情绪的感受就越强，因此瞬时的情绪来源于预先存在的动机（Dawson，et al.，1990）。实证研究也发现相比于没有强烈购物动机的消费者而言，拥有强烈购物动机的消费者体验到的唤醒状态更加强烈。在节事情境中，参与者由于动机的差异导致情绪体验的显著差异这一特点在实践中表现更为突出。往往参与动机越强烈的个体在参与过程中会投入更多的注意，因此也会产生更加强烈和深刻的情绪体验。

因此，本章提出如下假设——

H3：节事动机影响节事参与者的情绪

综上所述，本章构建节事场景、节事动机与情绪关系的理论模型（图7-1）。其中，节事场景、节事动机和情绪三个潜在变量为二阶构面，节事场景包含节事特殊变量、布局变量、内部变量和外部变量四个一阶构面；节事动机包含放松／逃离和寻求刺激两个一阶构面；情绪包含愉悦和唤醒两个一阶构面。本章用两个结构方程模型来分别验证，其中模型1（简称M1）验证H1和H3，模型2（简称M2）验证H2和H3。

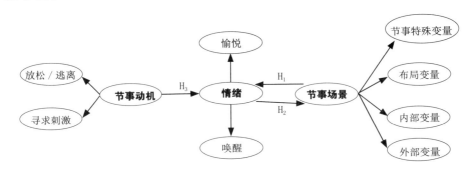

图 7-1 理论模型图

## 7.2 研究方法

### 7.2.1 问卷设计

本章采用问卷调查方式获取研究数据，调查分为两个部分。第一部分测量节事场景、情绪以及节事动机三个潜在变量。在大量文献的基础上充分借鉴已有研究成果，并结合迷笛音乐节的特征设计量表。其中节事场景的测量问项参考了 Lee（2008）、Kitterlin（2014）等人的节事场景量表，包括"现场的天气舒适宜人""治安良好、秩序井然""卫生良好、干净整洁"等在内的23个题项。情绪的测量问项参考了 Donovan 和 Rossiter（1982）的情绪量表，包含"快乐——不快乐"等在内的10个题项。动机的测量问项参考了 Kitterlin（2014）、McGoldrick（1998）的节事动机量表，包括"可以与家人／朋友在一起玩""可以放松自己""可以远离日常生活的压力"等10个题项。为确保量表能准确反映迷笛音乐节的实际情况及中文语境的表达，经过专家讨论，对原有量表进行修订和完善，以保证最终量表的信度和效度。本章采用李克特5点式量表，1表示非常不同意，5表示非常同意。第二部分包括性别、年龄、受教育程度以及月收入水平等人口统计学特征。

### 7.2.2 样本选取和数据收集

本章以参加 2016 年太湖迷笛音乐节的乐迷为研究对象。"迷笛音乐节"是由北京迷笛音乐学校创办的国内第一个原创音乐节。从 2000 年至今，历经 17 年的发展，逐步发展成为全球华语地区最大的摇滚音乐节，观众规模从最初的 1000 多人壮大到每届 10 万余人。2016 年太湖迷笛音乐节的举办时间为 2016 年 4 月 30 日—5 月 2 日，举办地点位于苏州七都太湖迷笛营。研究小组自 4 月 30 日 15：00 至 5 月 2 日 19：00，在表演现场共发放问卷 600 份，回收 588 份，剔除填答无效以及存在空缺项等不合格问卷后，保留有效问卷 429 份，回收率为 98.00%，有效率为 71.5%。

根据调查资料统计显示，在性别方面，女性乐迷占比 42.68%，男性乐迷占比 57.32%。在年龄方面，样本的主体为 19—24 岁（55.39%）及 25—30 岁（31.45%）这两个年龄段的乐迷，共占总体的 86.84%。受教育程度方面，67.52% 的乐迷为本科，其次为大专（16.70%）。由于很多乐迷都是在读的本科生或者研究生，21.07% 的乐迷月收入水平在 1000 元及以下，13.11% 的乐迷月收入水平在 3001—5000 元。

## 7.3 研究过程与分析

### 7.3.1 量表的探索性因子分析

本章采用 SPSS21.0 对量表进行探索性因子分析和可靠性分析来建构量表信度。根据探索性因子分析的结果以及理论分析，剔除掉因子载荷量小于 0.45 或者同时在两个或以上因子的交叉载荷量都大于 0.4 的题项。因此，删除节事场景量表中的"这次来的乐迷不是很多，显得很冷清""太湖迷笛公园的建筑美观，与环境和谐一致""主题鲜明"等三个题项；删除节事动机量表中的"别人带我过来的""离家近顺便过来看看"等两个题项；删除情绪量表中的"激动——厌倦""警惕——瞌睡"等两个题项。

信度检验的结果显示，节事场景量表、情绪量表以及动机量表的 Bartlett 的球形度检验均达到统计显著（p=0.001），KMO 系数分别为 0.92、0.90、0.83，说明量表适合进行探索性因子分析。节事场景提取四个公因子，分别命名节事特殊变量、布局变量、内部变量和外部变量；情绪变量提取唤醒和愉悦两个公因子；节事动机变量提取放松／逃离以及寻求刺激两个公因子。总体量表的 Cronbach'α 系数为 0.94，节事场景量表的信度为 0.92，情绪量表的信度为 0.92，动机量表的信度为 0.74，各个公因子的信度均大于 0.7，说明本章所用变量具有较高的内部一致性，信度较高。

### 7.3.2 测量模型的验证性因子分析

本章采用 AMOS21.0 对潜在变量进行两阶段验证性因子分析：首先分别验证节事场景、节事动机、情绪等三个测量模型。根据单个测量模型的验证性因子分析结果，剔除掉因子载荷小于 0.45 的观测变量。因此，删除节事场景量表中的"现场的天气（温度、湿度）舒适宜人"以及动机量表中的"可以和亲人朋友一起玩"等两个题项。再对修正后的节事场景和节事动机两个测量模型进行验证性因子分析。最后对所有潜在变量进行共同验证。从表 7-1 中可以看出，所有观测变量在其对应的潜在变量上的因子载荷都超过临界值 0.5，且都在 99.9% 的置信水平下显著。此外，所有潜在变量的组合信度都高于 0.7，说明各潜在变量具有较好的内部一致性。同时，各潜在变量的单独验证性因子分析以及所有潜在变量的共同验证性因子分析的拟合指数中，NFI、RFI、CFI、IFI、GFI 等指数的值均达到理想值，RMSEA 值小于 0.05，RMR 值小于 0.05。

表 7-1　验证性因子分析结果

| 变量 | | 题项 | 因子载 | 组合信 | 平均提取方 |
|---|---|---|---|---|---|
| 节事场景 | 节事特殊变量 | 现场有很多的乐迷，非常热闹 | 0.82 | 0.91 | 0.54 |
| | | 乐手表演卖力，精彩绝伦 | 0.77 | | |
| | | 迷笛音乐节的整体气氛非常浓厚 | 0.79 | | |
| | | 乐手和其他乐迷很会玩摇摆、尖叫、大合唱、POGO、跳水、开火车、死墙等活动 | 0.74 | | |
| | | 乐手、志愿者和其他乐迷的穿着很有个性 | 0.77 | | |
| | | 舞台的灯光效果华丽炫目 | 0.73 | | |
| | | 舞台的音响效果震撼，有感染力 | 0.72 | | |
| | | 海报、指示牌、舞台 LED 屏显示等设计独特 | 0.67 | | |
| | | 各个舞台之间布局合理 | 0.61 | | |
| | 布局变量 | 跳蚤市场和文化摊位的文化商品品类繁多 | 0.60 | 0.81 | 0.52 |
| | | 其他的休闲娱乐活动丰富多彩 | 0.56 | | |

续表

| 变量 | | 题项 | 因子载 | 组合信 | 平均提取方 |
|---|---|---|---|---|---|
| | | 表演曲目经典 | 0.89 | | |
| | | 演出阵容强大，有很多我喜爱的乐队 | 0.79 | | |
| | 内部变量 | 基础设施（热水淋浴、移动卫生间、存包处等）完善 | 0.56 | 0.75 | 0.54 |
| | | 卫生良好，干净整洁 | 0.76 | | |
| | | 工作人员（包括志愿者）服务到位，会热场 | 0.55 | | |
| | | 治安良好，秩序井然 | 0.75 | | |
| | 外部变量 | 现场的空气清新 | 0.59 | 0.76 | 0.51 |
| | | 场地的选址恰当，远离都市生活圈 | 0.77 | | |
| | | 太湖迷笛公园的自然风光优美 | 0.77 | | |
| 情绪 | 唤醒 | 疯狂——不太想动 | 0.83 | 0.91 | 0.72 |
| | | 躁动——无聊 | 0.76 | | |
| | | 兴奋——冷静 | 0.91 | | |
| | | 刺激——轻松 | 0.88 | | |
| | 愉悦 | 安全——不安全 | 0.61 | 0.88 | 0.65 |
| | | 放松——厌倦 | 0.82 | | |
| | | 满意——不满意 | 0.86 | | |
| | | 快乐——不快乐 | 0.91 | | |
| 节事动机 | 逃离/放松 | 可以远离日常生活的压力 | 0.68 | 0.73 | 0.51 |
| | | 喜欢摇滚乐现场演出 | 0.55 | | |
| | | 可以放松自己 | 0.67 | | |
| | | 可以参加多种多样的活动 | 0.62 | | |
| | 寻求刺激 | 可以认识新的朋友 | 0.75 | 0.76 | 0.52 |
| | | 获得与日常生活不同的独特体验 | 0.70 | | |
| | | 可以看到知名的乐手 | 0.71 | | |

### 7.3.3 结构模型拟合与假设验证

（1）拟合优度检验。采用 AMOS21.0 软件，在验证性因子分析的基础上，采用最大似然估计法对理论模型进行检验，进而得到理论模型的各项拟合指数和路径系数值。结构方程模型分析结果显示理论模型具有较好的拟合程度，M1 和 M2 的各项拟合度指数均达到理想值（M1：$X^2/df=2.708$，RMESA=0.056，GFI=0.901，NFI=0.885，IFI=0.924，TLI=0.911，CFI=0.923；M2：$X^2/df=2.340$，RMESA=0.050，GFI=0.908，NFI=0.900，IFI=0.940，TLI=0.931，CFI=0.940。）

（2）研究假设检验。图 7-2 表明了结构方程模型中的路径关系。首先，M1 表明节事场景对节事参与者的情绪有显著影响（路径系数为 0.36，$p<0.001$），因此 H1 成立；其次，M2 表明参与者的情绪对节事场景有显著影响（路径系数为 0.65，

p<0.001），因此 H2 成立；最后，M1（路径系数为 0.47，p<0.001）和 M2（路径系数为 0.72，p<0.001）共同表明节事动机对节事参与者的情绪有显著影响，H3 成立。

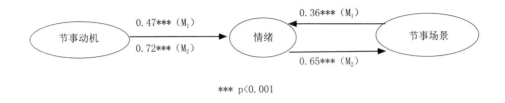

*** p<0.001

图 7-2　结构方程模型结果（M1 & M2）

# 7.4 结论与讨论

## 7.4.1 研究结论

节事场景是节事体验的重要组成部分。以往相关研究侧重于探讨节事场景对情绪的单向影响，忽略了节事场景作为一种认知体验与个体情绪体验之间的互动关系以及动机等个体性要素的作用。本章基于认知与情绪交互作用的理论视角，试图探讨节事场景、节事动机以及情绪之间的系统关系。研究结果表明：

### 1. 节事场景对参与者的情绪产生显著正向影响

节事场景对于引发个体的情绪反应有着重要作用，这一结果与以往研究结论一致。参与者对节事环境刺激的认知成为驱动个体的愉悦和唤醒情绪的重要因素（Bang, et al., 2014）。节事场景包括节事特殊变量、外部变量、内部变量和布局变量四个维度，其中节事特殊变量的解释方差为 25.75%。节事特殊变量构成节事活动尤其是节事环境中的核心产品，为参与者提供独特的体验价值。以迷笛音乐节为例，参与者对乐迷聚集程度、乐手的演出、整体气氛、互动方式、灯光效果、音响效果等节事特殊要素的体验要明显强于对场地的自然风光、空气、基础设施条件等物理性的环境要素的体验。同时，乐迷通过沉浸于音乐以及乐迷互动等体验而产生疯狂、躁动、兴奋以及快乐等强烈的情绪感受。因此，节事场景是在特定情境下通过各种各样的环境刺激综合作用于个体的认知系统形成的整体性体验，并对个体的情绪体验产生的激发和促进作用。

### 2. 参与者的情绪对节事场景有显著正向影响

情绪是一种弥散性的脑的整体唤醒状态，这种持续存在的状态可以先于认知过程而产生，并影响个体对环境刺激的信息加工过程。这个过程可以理解为：一方面，情绪性质和特征会通过影响注意力投入以及感觉信息登记等过程影响个体对节事环境刺激的选择性加工；另一方面，情绪的强度会影响个体对节事环境的认知加工效果。在实践中，参与者通常会通过情绪感染等机制识别其他参与者的情绪并诱发或者促进其情绪体验的强度，进而影响个体对环境刺激的认知。鉴于认知与情绪之间的互动关系，节事场景作为参与者对环境刺激的整体性认知，与情绪体验形成一种相互作用。这种互动过程最终构成参与者的整体节事体验。

### 3. 节事动机与情绪之间存在显著的正向联系

节事动机包含放松／逃离及寻求刺激两个维度。推动节事旅游的一个重要力量就是参与者渴望逃离一种来自日常生活的孤独感，即"希望逃离这一切"。节事为参与者提供了一个超越日常生活的阈限体验，即"时间之外的时间，空间之外的空间"。另一方面，在参与节事过程中通过认识新的朋友、接触新的事物获得与日常生活截然不同的独特体验来满足一种"精神追求"，获得内心的平衡和激励。节事参与者的这种动机越强烈，其进入节事之后的情绪唤醒程度越高，愉悦情绪的感受越强烈。因此，参与者动机的指向和强度决定了情绪体验的强度和性质。

## 7.4.2 管理决策启示

### 1. 节事特殊变量构成节事场景的核心要素

鉴于此，节事运营者在节事环境营造和管理的过程中，应该根据节事内容的差异性突出节事的特色。环境的管理脱离不了节事内容本身，参与者对节事环境的体验构成了整体节事体验的重要部分，并且影响参与者的情绪和行为。因此，管理者应该重点关注这些具有节事特殊性的环境要素从而提升参与者的体验质量。独特性的节事环境反过来亦可成为重要的节事营销工具。

### 2. 节事参与者的动机包括逃离／放松和寻求刺激两个方面

对于参与者而言，逃离结构化的日常生活是其参与节事活动的核心动机之一（Duran and Hamarat，2014）。节事运营者在进行节事活动的策划以及管理的过程中，应该从参与者的实际需求考虑，尽可能为参与者提供一个与日常生活不同的环境，使其得到一种"忘我"的节事体验。

### 3. 参与者的情绪体验与节事场景之间构成一种动态循环的交互作用

从节事参与者进入节事场域开始，就不断地接受外部和内部环境的刺激。特别是情绪作为一种持续性体验状态会影响参与者对环境刺激的认知体验。尤其是当参

与者处于消极的情绪状态时，往往会对周围环境产生较低的体验质量。因此，节事
经营者应该从整体体验出发，在整个节事过程和环境中掌控环境要素的细节，尽可
能避免诱发消极情绪体验的因素。

### 7.4.3 研究局限及未来研究展望

本章从认知－情绪互动的视角验证了节事场景、节事动机与情绪的系统关系，
但是未能进一步验证这些变量对参与者行为的影响。未来的研究可以进一步探讨情
绪和感知节事场景对满意度、忠诚等行为变量的影响。

影响情绪和认知的个体特征性要素有很多，在本章中仅考虑了节事动机。未来
的研究可考虑等态度、偏好、性格等个体性变量的作用，对模型进行拓展进而勾勒
一个较为完整的框架。

本章仅选择了一个案例进行实证研究，建议针对不同节事情境进行验证，进一
步检验理论的普适性。

# 第 8 章

# 展览现场的空间政治分析

"空间"一直是学者讨论的焦点，如亚里士多德将空间视为事物存在和运动的方式，认为它是无限的、永恒的、空的区域；笛卡尔则从几何的意义上理解空间，认为它是一切事物存在和发生的场所（王丰龙和刘云刚，2011）。20世纪70年代西方人文社会科学理论界出现了"空间转向"（孙九霞和周一，2014），其主题在于追问、彰显空间的社会性及其对人、社会的价值（沈学君，2013），认为空间是一种蕴含着权力关系的关系空间（Featherstone and Painter，2013），空间体现政治现实，空间展现身份政治等，因此空间不再是被动、静止的自然容器，它还具有文化、政治、心理、社会及权力等多层意义，空间政治也成为西方社会科学一个新的研究领域（沈学君，2013）。

展览活动的举办为参展商和专业观众提供了一个信息交流的场所（戴光全和张骁鸣，2006），属于"一个具体的、与日常生活实践更贴近的微观极化"空间（谢晓如等，2014）。目前国内外学者相关的研究主要集中在如何对展览空间进行改造，以更好地适应参展商或专业观众的需要等，其研究主题集中在展览空间布局、设计、展览空间引导系统等方面；如认为展览空间布局需要考虑空间利用率、空间吸引力、观众便捷性（Schneuwkly and Widmer，2003；Rohloff，2009）、观展路线、内部通道景观、模块设计（谢俊，2012；Wu，2004）、展览空间导航系统（Lin and Lawrence，2014），对空间的设计应注意空间氛围（安万青，2007）、空间的语义化（胡国梁和刘超，2011；Demir，2012）、场景性（胡晔和张灿辉，2011）、空间色彩及材料运用（李如璋和马金祥，2011）、展馆建筑（刘羽思和邹越，2011）及馆内功能（范文强和张书鸿，2012）等。本章以第十六届M科技展为例，分析展览现场（在展馆中举办展览而形成的空间，简称"展览现场"）所呈现的不同性质的"迷你空间"，发现关系、利益和权力是反映展览现场空间政治的三个重要维度，它们之间相互作用，分析结果对研究其他微观空间具有一定的启示意义。

## 8.1 研究进展

### 8.1.1 国外空间政治的相关研究

社会学和地理学家是研究空间的两大群体。列斐伏尔、福柯等一批社会理论家对空间问题进行了研究（王丰龙和刘云刚，2013）。列斐伏尔被公认为是空间政治领域的奠基人（沈学君，2013），同时也是空间生产理论的首创者（叶超等，2011），他提出了"空间三元论"，认为空间具有空间表征、表征空间及空间实践"三位一体"的属性（Lefebvre，1991）。"空间三元论"为空间政治的研究提供了基础。福柯对空间背后所隐藏权力的诸内容进行了剖析，认为对权力的分析应与社会背景相联系（Kritzman，1988），它不仅包括规训、惩罚，还包括知识等（Featherstone and Painter，2013）；前者一般属于宏观政治，表现为理性化的权力运作和制度安排；后者属于微观政治，表现为日常生活层面的弥散化的、微观化的权力和控制机制等（衣俊卿，2006）。权力诸内容的剖析使学者对空间政治的研究可以拓展到边缘化的权力结构，如福柯（2003）对现代精神病院、医院及监狱进行了研究，认为精神病院是以各种符号和动作虚拟的家庭氛围，其本质是用一种至高无上理性把自己的邻人禁闭起来（刘丹萍，2007）；此外，医生与病人之间是纯粹语言的纯粹目视（福柯，2001），设立监狱造成了一种必须整齐划一的压力（福柯，1999）。

随着人文地理学科的发展，空间的社会性受到地理学家的关注，认为空间中的矛盾涉及到政治及权力等因素（黄耿志和薛德升，2008），空间政治成为地理学研究的一个领域。国外对空间政治关注的较早，如早在19世纪末就创立了政治地理学（刘云刚，2009）。国外对该领域的研究也较为广泛，本章以 Elsevier、EBSCO、JSTOR、Emerald 等数据库为分析对象，通过搜索"spatial""politics""spatial politics"3个主题词，同时重点分析主题相近及引用率高的论文，最终下载了86篇论文。以 Political Geography、Progress in Human Geography 等期刊上发表的13篇论文为例，发现：国外学者在宏观尺度（国家及地区之间等）研究了全球气候变化引发的政治、区域边界争议、冲突地区的正常化等；微观尺度（地区内部）研究了城市居民的"情绪"政治、社区机构参与城区规划、污染处理设施建设、街道规划、校园政治等。Pugh（2009）从六个方面归纳了"空间转向"如何影响人们对政治的思考，认为它包括：空间性质变化，如"后领土"（post-territorial）观念的兴起；伦理承诺、政治代表性与参与性、区域的联系及政治认同、新唯物主义、对空间的主张引发的政治。

### 8.1.2 国内空间政治的相关研究

近年来，国内学者也从不同角度对空间政治进行了研究，本章以"空间政治"为主题词，在中国知网数据库中进行检索，显示2006—2016年间有近1万条记录；对主题相近且引用率较高的文献进行分析，发现国内社会学学者（基于相关论文的作者简介，下同）的研究内容包括中西医冲突下的空间政治（杨念群，2006）、社区居民参与政府规划（黄晓星，2012）、城镇社会阶层化（刘精明和李路路，2005）、垃圾场上的空间政治（周大鸣和李翠玲，2007）等。国内地理学学者对空间政治研究得相对较少，在前文中国知网数据库检索结果中对引用率较高的文献进行分析，发现它们主要集中在特殊群体或具体空间所隐藏的权力等方面，如同性恋对空间的挑战（魏伟，2011）、性别对就业空间的影响（林耿，2010）、文学作品描述的空间（叶

超和谢瑜莺，2015）、区位与权力的联系（林耿，2011）、景观表征所掩藏的权力（周
尚意等，2010）、宗教空间（袁振杰等，2013）等。

对国内外空间政治的相关成果进行总结，发现学者从不同尺度（如国家、城镇、
社区、广场等）及不同领域（如垃圾场、校园、宗教等）对不同空间背后所隐藏的社会、
文化、政治等因素进行了分析，但目前学者对展览空间的研究仍集中其物理属性方面，
较少涉及该空间的"社会性"（赵莉华，2011）。本章以举办展览活动所形成的现
场空间为研究对象，归纳了反映展览现场空间政治的三个重要维度，同时分析了它
们在展览组织者、参展商（统称为展览主体，下同）两个群体间及群体内部的相互
作用等，其结果对其他微观空间的研究有一定启示意义。

## 8.2 案例选择、数据收集及分析

### 8.2.1 案例选择

本章以 2014 年 11 月举办的第十六届 M 科技展为研究对象。M 科技展是由广东
省经济总量排名靠前的地级市 Y 与相关国家部委共同举办，K 公司属于承办机构，
其他省或直辖市政府部门组织区域内企业参展。多个政府部门联合举办的特点，使
其展区划分及展览组织模式形成了一定的特点，如该展览被划分为多个专业展以及
国家、省市、高校技术展等，它们分布在 9 个不同的展厅，总展览面积超过 10 万平
方米。这些展区分别由不同的招展单位组织（简称展区组织者），如信息技术与产
品展（以下简称 IT 展）、节能环保及新能源展等由 K 公司组织（此时 K 公司既是展
览组织者，同时也是部分专业展区的组织者）；电子展、光电显示触控展等委托专
业展览公司组织。不同展区及其背后不同主体之间相互联系及影响等，为展览现场
的空间政治分析提供了较为丰富的材料。

### 8.2.2 数据收集及研究思路

本章研究人员以实习生身份对 K 公司进行调研，从 2014 年 3 月到 2015 年 1 月
全程参与了第十六届 M 科技展的运作。本届展览结束后，K 公司组织了展览的核心
部门召开总结讨论会，外部合作单位出 K 公司负责对接的员工为代表，陈述了他们
的总结报告及意见。总结讨论会采取专题讨论的方式，就展览组织的环节、存在的
问题及展区间的关系进行了讨论，累计持续近 13 个小时，全程有录音。本章将总结
讨论会录音材料整理成了 9.4 万字的文字记录（简称"录音文本资料"），分别标
记为 A1、A2、A3、A4、A5。展览现场空间涉及众多要素，包括馆内装饰及设计、区

域划分等，它们可通过展位图得到体现，因此本章对展位图进行了分析。

　　基于调研所获取的资料，本章从两个方面对展览现场空间进行了分析。一方面借助 NVivo 分析软件，对录音文本资料进行编码等，分析了反映展览现场空间"社会性"的各维度之间的关系，丰富了展览现场空间政治的内容；另一方面对第十六届 M 科技展的展位图进行分析，归纳了不同性质的"迷你空间"（本章将展览现场空间视为一个微观空间，将该空间内的不同区域视为更小尺度的微观空间，命名为"迷你空间"）。

### 8.2.3 数据分析

　　本章借助 NVivo 软件对录音文本资料进行了分析。NVivo 提供了文字搜寻及快速编码功能，可自动根据搜寻结果建立节点（郭玉霞等，2009）（每个节点对应为一个"概念"）。本章通过该功能（搜索范围限定为关键词周边的 40 个字节），搜索"展区""1号馆""2 号馆"等（各展区在不同的分馆，可代表不同的展区组织者），以及"展商"等关键字，同时对无意义的搜寻结果进行删减，分别搜索到 80、39（1—9 号展厅累计）和 103 条记录。为了防止出现关键信息遗漏的现象，本章研究人员在自动编码后，对录音文字记录再次进行了人工阅读，最终发现了 4 条与本章研究相关的记录。通过人工补充查阅语义不全的记录等（如超出 40 个字节），最终本章将这些记录编码生成了 46 个概念（表 8-1）。本章结合录音文字资料 NVivo 编码结果及展位图，对展览现场空间进行了分析。

#### 表 8-1　录音文本资料 NVivo 编码结果

| 类型 | 展览主体 | 节点（概念） |
|------|----------|--------------|
| 竞争/冲突 | 展区组织者与参展商之间 | 抱怨观众，机制冲突，时间延迟，信息过量，规范行为，空间争议，区别接待，评估效果；a1-8 |
| | 展区组织者内部 | 展区划分，争夺展商，针对性宣传，特定协会，模式调整，部门分工，差异性装饰，主题相近，面积制约，配套政策，协调困难，项目经理制，价格差异；b1-13 |
| | 参展商内部 | 参与采购，信息发布，项目推荐，线上配对，观众交流，参与评奖；c1-6 |
| 合作/互利 | 展区组织者与参展商之间 | 接待服务，相互借势，邀请观众，现场活动，身份转变，自主服务，政府补助，交通补贴，展商办会；d1-9 |
| | 展区组织者内部 | "大综合，小专业"，观众共享，举办论坛，配套活动，热点展区，吸引媒体，内容互补；e1-7 |
| | 参展商内部 | 相互交流，以大带小，集聚效应。f1-3 |

## 8.3 展览现场空间政治分析的 3 个维度

### 8.3.1 板块及流动空间——空间体现出竞争与合作关系

通过对录音文本资料及展位图进行分析，本章发现展览现场可划分为板块及流动的空间，它们体现了不同展区组织者间竞争与合作关系并存。展览活动在特定的时间和空间内汇集了众多的供应商和目标客户，是一个信息交流的平台（罗秋菊和保继刚，2007），可以节约参展商与专业观众的交易费用（笪凤媛和张卫东，2010）。展览背后隐藏的经济规律对展览空间的规划和管理产生了影响，如展览组织者将同类参展商集中于一个特定展区，以保持该区域的专业性，吸引更多的专业观众参展等（王晓敏，2018）。"大综合、小专业是 M 科技展的展览组织模式，……，十五届的时候，当时有个展区搞移动互联，第十六届做了智能穿戴……"（编码为"展区划分"，表 8-1，下同）。各展区在吸引专业观众参观方面的竞争关系，在展览现场"表征空间"上也得到了体现。如展区组织者对各自展区的形象进行了"差异性装饰"，"我们在绿色建筑主题展区做了独立的展商区域，在 VI 的基础上，……加立柱，加标识，加吊旗，……，使整个展区浑然一体"，最终形成了不同的"板块"空间。

在不同展区相互竞争的同时，由于专业观众的参展目的具有多样性，包括认识新客户、了解产业信息等（罗秋菊和保继刚，2007），因此专业观众穿梭于不同展区之间，此时展区间存在合作关系。如 K 公司将需求相近的专业观众组织成一个观展团队，基于他们的需要，制定具体的主题观展路线，将分布在不同展馆的相关展商连接起来，从而形成一个"流动"的展览空间，属于展区组织者合作关系在展览现场空间上的体现（王晓敏，2018）。"主题观展路线得到了香港特邀观众的追捧……问得细，而且对路线有要求，希望按照他们的要求，问完后再走，所以今年行走的时间长，往年 70 分钟，现在 2 个小时"（"内容互补"）。

### 8.3.2 优势及劣势空间——空间背后存在利益

利益即人类生存、生活和发展之所需（漆多俊，2014）；不同的利益给个体带来的满足感或所实现的效果有差异。现有研究表明，展馆不同区域的吸引力有差异（Schneuwkly and Widmer，2003），如距离生产资源或市场较近区域往往有一定竞争优势（金相郁，2004）；而对录音文本资料及展位图进行分析，发现 M 科技展的展览组织者将展示空间划分为不同的等级，反映了空间背后存在利益。如 K 公司将 1 号展厅中心区域及靠近 2 楼休息平台的区域（通过扶梯，该区域有多个出入口通往 2 楼休息平台）视为"优势空间"（A 类区），将展厅的边缘区等划分为"劣势空间"（B 类区）（图 8-1）。与此同时对 1 号展厅展位图进行分析，发现由于区位条件的差异，导致参展商在具体展位空间上的选择产生了竞争，表现为参展商对优、劣势空间的争夺等；如展位图显示 A 类区大都为大面积展位占有，而 B 类区主要分布着面积较小的标准展位。

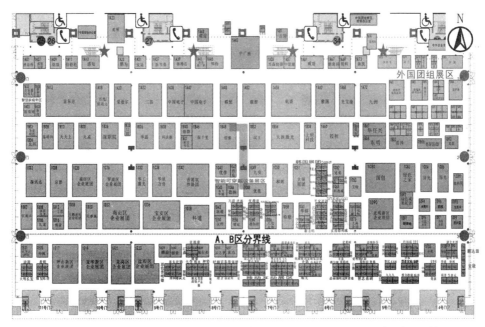

注：●表示 1 号展厅连接东、西走向 3 条主通道的出入口；★表示通往北面二楼休息区扶梯出入口。

图 8-1　1 号馆展位图

### 8.3.3 私有及公共空间——体现空间背后的权力

对录音文本资料及展位图进行分析（图 8-1），发现展览现场存在公共及私有（private space）两种类型的空间。展览活动组织过程中，展览组织者通过出售展位来获取经济利益，而参展商借助该空间进行产品宣传等，此时展位属于私有空间，其他私有空间还包括用于临时租赁的会议室、信息发布场地等。此外，考虑到展商和观众在参展过程中还有一些其他需求，如休息、用餐等，因此展览组织者须规划及保留一部分辅助区（王晓敏，2018）。以 M 科技展为例，公共空间包括专业观众参展通道、休息区域、餐饮区等。

权力即对利益进行权衡、协调和确认之力（漆多俊，2014）。录音文本资料编码结果表明，K 公司权衡各种利益之后对私有和公共空间进行了规划，体现了展览组织者对展览空间的分配拥有相应的权力。如对公共空间的功能进行分析，发现它的设置是为了更好地吸引及服务于展商及观众，如"我们（K 公司）卖展商卖的是什么，我们卖的不是展位而是观众，只有有了好的观众，展商的付出才是有价值的"（"邀请观众"）。而在私有空间规划方面，由于 K 公司自身也组织、承办了部分展区，因此在展区展示区域的划分方面与其他展区组织者存在竞争，此时 K 公司需要对多方的利益进行权衡。如"IT 展（直属 K 公司）最后不知道什么原因，有 10家，近 1000 平方米（被其他展区）掏过去"（"协调困难"），而对于这种冲突，IT 展组织者建议 K 公司在规划展区主题时要考虑自己主办的展区等。

## 8.4 展览现场空间中的关系、利益和权力之间存在互动

### 8.4.1 关系背后隐藏着利益

板块及流动空间揭示了空间背后展览主体之间存在竞争与合作关系。本章对录音文字资料编码结果进行分类，发现它们进一步揭示了展览主体之间的行为（见表8-1）。在合作关系方面，如展区组织者之间的合作涉及 9 个概念，表现为：不同展区资源（包括媒体、观众资源等）互补，增强了 M 科技展的吸引力，如各展区相对独立地邀请观众，可实现"观众共享"等。展区组织者与参展商之间的合作涉及7 个概念，表现为：展区组织者不仅通过服务接待为展商创造价值，双方还可"相互借势"，如 K 公司提出其微信平台的观众可与参展企业的观众资源共享、双方网站相互链接等，增强了两者之间的互补及合作关系。展商内部之间的合作包括了 3个概念，表现为：不同展商间可以相互补充，如参展的高校与外国展区的企业之间开展交流活动（"相互交流"）等。

录音文本资料编码结果也进一步描述了展览主体间的竞争关系。如展区组织者与参展商之间属于服务与被服务的关系，双方由于目标及对服务内容、标准的理解有差异等（如"抱怨观众""时间延迟""规范行为"等），容易产生矛盾。M 科技展有多个不同的主题展区，它们由不同展区组织者进行管理；由于不同展区有特定的展示内容，对展会的宣传及观众邀请有不同的需求，因此展区组织者在展览主题定位、展位定价及邀请专业观众类型等方面产生争议（如"针对性宣传"）。与此同时，参展商之间由于争夺展览资源而产生竞争，如参展商争夺参与采购洽谈会、

产品信息发布会及重点项目推荐等活动的机会等（"参与采购""信息发布"）。

对上述展览主体间的合作及竞争关系进行分析，发现一个共同规律，即当总体利益扩大，各主体都成为受益者的情况下，展览主体间表现出合作关系；在总体利益相对固定的情况下，各主体间追求自身利益，最终产生竞争关系。基于以上分析，本章认为展览现场空间中的关系维度受其利益维度的影响，表明展览现场空间中关系的背后隐藏着利益。

### 8.4.2 权力制约利益的实现

私有及公共空间的划分体现了展览现场空间背后所隐藏的权力。录音文本资料编码结果表明，展览主体间因利益分歧而产生的竞争关系可通过权力得到解决，此时权力成为制约展览主体利益实现的机制。

约束竞争的方法大致上有四种，即：等级排列、资产排列、管制以及宗教或风俗等（张五常，2008）。在以上方式中，不同主体间的利益冲突或竞争所采取的协调机制存在差异。展区组织者与参展商之间的分歧主要来源于服务标准及内容等方面的争议。K 公司虽然有权界定服务内容，但参展商可通过选择其他展览服务供应商而向展区组织者施加压力，为了达到共赢的效果，最终双方会权衡利弊（分析得和失的重要性，属于等级排列），协商解决争议。以"面积争议"为例，K 公司为了提高展会的吸引力，为展商提供的信息发布的空间，"我们增加了信息发布活动，实际是我们来安排场地，……，由发布方来自行组织"，但展商对这一空间的理解产生了分歧，认为展览组织者除安排场地外，还应该组织观众参观，安排记者采访或报道等。针对以上冲突，展区组织者采取了协商的方式，如"以后我们（K 公司）会提醒，不光是我们组织（观众），他们自己也要组织"。

对于展区组织者间竞争或利益冲突，K 公司负责 M 科技展所有展区的管理，因此可通过行驶"管理权限"的方式进行处理。以热点展览主题的分配为例，K 公司负责各展区主题的审核与协调等，所有展区必须服从 K 公司的统一安排，但展区间的展商组织具有一定的竞争性，展区组织者扩大自身的招展主题，导致其他展区组织者的利益受损、产生冲突等，最终以"管制"的方式解决分歧。权力机制对展区组织者内部空间的分配也产生了影响，体现在"板块"空间所处的位置及空间大小等方面，如 IT 展等部分专业展区属于 K 公司直接管理的展区，但 K 公司根据 M 科技展实施"大综合、小专业"的战略，突出了专业展重要性，因此以"管制"的方式将 IT 展设置于区位条件较好、展厅空间最大的 1 号展厅，而将部分次重要的展区设置于 2 楼休息区，引起了不满，"今年我们 2 楼展区也不是一个非常正常的展览位置，如果还有多余的展览面积，我们还是希望能够下到馆里面"（"面积制约"）。

参展商之间的竞争一般通过谁出价高就获得相应利益的方式解决，属于"资产排列"的方式获取"排他利益"。如展区组织者向支付了更多参展费的"大客户"提供差别性接待政策，包括优先"参与采购"及"项目推荐"，主动安排"信息发布"空间等；如"在招展上，我们和合作单位，突出重点，主动出击，行业龙头企业，重点跟进"，"我们（K公司）采取特殊的参展政策，比如大企业的参展，包括价格和服务策略，最后都落实以大带小、以点带面的营销策略"（"区别接待"）。

## 8.5 讨论及结论

### 8.5.1 讨论

#### 1. 关系、利益和权力相互作用，它们是分析展览现场"空间政治"的重要维度

本章通过对录音文本资料及展位图进行分析，发现关系、利益和权力是体现展览现场空间政治的重要维度，如展览主体间的竞争与合作的关系体现为"板块"空间及"流动"空间；不同展览主体间的利益体现为"优势空间"及"劣势空间"；权力机制对展览空间分配等造成的影响体现为"私有空间"及"公共空间"等（图8-2）。

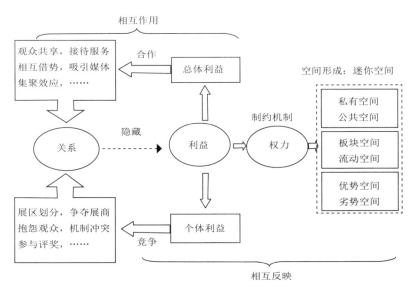

注：受篇幅限制，省略了部分NVivo编码所得的概念。

**图8-2 关系、利益、权力之间的相互作用及迷你空间的形成**

关系、利益和权力相关要素的分析在现有空间政治也得到了体现，如与关系相关的研究包括阶层、社会背景等（表 8-2），与利益的研究包括边界冲突等；规训、惩罚和知识等属于权力的研究范畴。本章以展览现场空间为例，对关系、利益和权力三者进行分析，发现三者间存在相互作用（图 8-2），表现为：关系背后隐藏着利益，它们影响了主体间的行为及关系，与此同时展览主体间利益而产生的冲突或争议等须依靠权力得到解决等。

表 8-2　关系、利益和权力所涵盖的代表性研究内容

| 维度 | 代表性内容 |
|------|-----------|
| 关系 | 阶层关系（刘精明和李路路，2005）、社会背景（Kritzman，1988）等； |
| 利益 | 领土及边界冲突（Pugh，2009）、社区参与（黄晓星，2012）、污染处理及垃圾场（周大鸣和李翠玲，2007）等； |
| 权力 | 规训、惩罚、知识等（福柯，1999，2001，2003；Featherstone and Painter，2013）、偏见（魏伟，2011；林耿，2010）、民主（刘海，2011）、经济及政治精英（林耿，2011）、信仰（袁振杰等，2013）。 |

### 2. 竞争与合作关系共存对其他空间的研究具有启示意义

与逻辑及数学上"一般化"（general）的空间及自然界所对应的单一空间相比，社会空间是一个独特的和具体的空间，它与空间的用途及空间实践相关，如公寓里的一个房间、街道的角落、购物或文化中心等（Lefebvre，1991）。展览现场空间的用途和实践活动也决定了其空间政治的特殊性，表现为：展览活动举办，要求有一定规模的参展商和专业观众，产生了集聚或互补效应等，以节约交流的时间和成本；此外参展商或展区组织者等因争夺展览资源或展览空间而产生竞争。展览现场空间中不同主体合作与竞争关系共存的特征为分析其他微观空间也有一定的启示意义，如对于垃圾处理场空间的分析，可以从整体利益角度出发，突出建立垃圾场如何美化城市及社区环境，以及重点分析如何将这种共同的利益明显或公平化等。

### 8.5.2 结论

本章对展览现场的空间政治进行了分析，归纳了关系、利益和权力三个因素，它们是反映展览现场空间政治的重要维度。本章以这三者为依据，分析了它们之间的相互作用，有利于推动其他微观空间的分析。此外本章研究结论对展览活动的管

理也有一定启示意义，表现为：展览组织者应追求总体利益的扩大，加强展区组织
者、参展商群体之间及群体内部的合作；展览组织者应加强与参展商的沟通，充分
了解展商的需求，明确服务标准，实现双方互利共赢等。本章也存在一定的不足，
如对于"表征空间"的分析依托于展位图，而展位图不能全面反映展览现场的空间
信息等，因此有可能影响分析结果等。后期的研究可将对关系、利益和权力的分析
拓展到其他空间的研究中，完善它们之间的关系等；同时也可在展览的空间分析中
也纳入其他主体，如专业观众，以进一步丰富展览空间的分析内容等。

# 第 9 章

# 节事空间冲突的探索性研究

从科学主义的语境主导到人本主义思潮的兴起，空间逐渐被认为是"人性的空间"（Mumford，1937），空间兼具地理学物质形态的区位意义和社会学文化属性的构建意义（姚华松，2010）。伴随城市化的快速发展，空间分异使之有了不同的使用方式和相应的利益主体。而空间的稀缺性特点（叶岱夫，2004）则促使不同利益主体在特定空间的使用方式等方面形成对立和竞争关系，使空间产生不相容性，进而形成空间冲突（spatial conflict）（李长晏，2010）。不同于上海世博会等一次性大型节事（mega-event）所配备的专用节事空间，国内多数节事所使用的节事空间都是对原来的城市空间进行临时的"嵌入"（embeddedness），而当今国民日渐增长的休闲消费意愿和城市闲置空间的弹性生产需求（Madanipour，2017）使节事空间不断得到扩张及延伸，势必会进一步促使游客与当地居民等群体产生空间层面上的冲突，形成"节事空间冲突"。目前，学界多使用定量方法对空间冲突进行研究，多涉及城市或一般区域等宏观层面的探讨，对微观尺度的空间冲突涉足不深，缺乏对节事空间的非正面情况的关注，例如节事空间冲突是怎么形成、演变的？涉及哪些部分？不同节事相关方视角下的节事空间冲突有何异同？鉴于此，本章基于广州国际灯光节这一典型案例，以网络文本和访谈记录为数据来源，采用扎根理论的质性研究方法对节事空间冲突不同相关方视角下的组成、演变等进行探索性研究，建构节事空间冲突的概念模型，为促进我国节事在目的地更好地开展提供理论指导。

# 9.1 文献回顾

## 9.1.1 术语说明

节事空间（event venue）就是用于举办各类节事的公共场所（丁在屏，2016），可以是特定的、也可以是开放的（Getz，2007）。本章所研究的节事空间不包含专门为节事建造的场地，强调的是节事对非节事专用场地的"占用"。

城市原生空间——指原来的城市空间，与节事空间相对应，在此谓之"城市原生空间"。原生不是绝对的，而是能适应不同的背景需要将所涉及的对象的前后状态区分开来。本章将其定义为"在城市中未受节事空间的'嵌入'影响、维持自主运转秩序的公共空间"。

节事相关方——节事举办过程中会涉及到不同相关方，故在此进行定义，包括：（1）节事参与者，即节事举办期间主动前往节事空间并主动参与节事的游客，既包括外来游客，也包括当地居民；（2）非节事参与者，即在节事空间的周边区域生活或工作且不主动参与节事的当地居民，其日常生活空间或工作空间与节事空间有所接壤或重合；（3）节事辅助方，辅助节事的良好开展。

### 9.1.2 空间冲突

空间冲突的产生原因：空间冲突的本质原因是空间资源的稀缺性导致的利益对冲（叶岱夫，2004）。有限空间资源与无限索求取用之间的矛盾是空间冲突概念的关键。国内外学者主要从经济发展（Kachele and Dabbert，2002；方创琳和刘海燕，2007）、资源利用（Jong，et al.，2006；于伯华和吕昌河，2006）、制度因素（李平华等，2005）、社会分歧（Sanginga，et al.，2007；马学广等，2010；程进，2013）等几方面展开探讨。笔者将其分为主体内因和外界诱因。前者主要指空间容量资源对利益主体的驱使，如多方活动的空间重叠（spatial overlapping）（Luck，et al.，2004）。后者包含制度缺失和社会环境诱导两部分：一是政府部门职责和制度规范的缺失如管理机构的不作为（周健，2011）、法律法规的不健全（马学广等，2017）；二是社会环境的诱导，如空间商业化背景下的逐利竞争（陈来仪和郑祥福，2015）。外界诱因不断促使主体内因的积累，从而加速空间冲突的形成。

空间冲突的表现类型：空间是空间冲突的承载体，不同性质的空间所呈现的空间冲突类型有所不同，主要有以下两种：（1）空间主体的冲突。根据参与主体的不同，王海鸿等（2009）将空间冲突按照农村土地冲突的类型划分为农户或农民群体之间、农户与集体之间、村与村之间、农户与基层政府及干部之间的不同垂直、横向层级之间的空间冲突。（2）空间功能、形态的冲突。一个是空间私人性与公共性之间的冲突（于雷，2005；刘铭秋，2017）。另一个是功能空间的挤压与被挤压，如海洋保护区与渔业生产空间（董琳，2013）等之间的矛盾。

空间冲突的演变过程：Giddens（2011）基于现象学从空间的"非地域化和再嵌入"分析空间冲突的存在形态，讨论了空间冲突的控制与反控制的二分演变。周国华等认为空间冲突应包括稳定可控、基本可控、基本失控、严重失控4个阶段，其演变过程随着时间的推移和冲突级别的攀升或滑落呈现出倒"U"型的推进轨迹（周国华和彭佳捷，2012）。冲突的形成从无到有再到无，冲突的级别从轻至重再至轻。

空间冲突的治理协调：相关研究集中在城市规划、空间管治等方面，制度机

制和技术测度是解决空间冲突的具体着力点。前者如内外机制有机结合（程进，
2013）、政府主导机制（刘铭秋，2017）、"复合共治"机制（何李，2017）等。
后者则包括遥感影像（彭佳捷，2011）、空间转换矩阵（Qingqing, et al.，
2018）、风险评价模型（陈晓等，2018）、GIS 空间分析（马丹驰等，2018）、空
间格局分析（刘耀林等，2018）等多种技术方法，用以对空间冲突的强度指数或程
度水平进行检测。

### 9.1.3 游憩空间冲突

游憩（recreation）空间是为满足人类闲暇时因追求自我身心放松所需要的各
种休闲活动而形成的行为空间（王淑华，2005），如旅游目的地等。而节事空间可
以说也是一种特殊的游憩空间（戴光全等，2012）。目前学界对节事空间冲突的有
限研究集中在对节事空间冲突的正面功能性的关注，强调节事空间对领土治理的催
化作用（Gravari-Barbas, 2009; Charlène, et al., 2012; Pradel, 2013）以及
对城市空间潜力的"激活效应"（Gravari-Barbas and Veschambre, 2005; 吴国清，
2010; Charlène, et al., 2012），尚未有涉及对其非正面情况的探究。

现有的相关研究主要集中在旅游目的地的空间冲突问题。Snepenger 等（2003）
注意到旅游目的地的发展使得当地购物空间的经营形态由生活型转向观光型，由此
引起了居民与游客之间的空间冲突。此外，旅游空间与目的地当地居民的生产空间
（Hernandez, et al., 1996; Campbell, 1999; Goeldner, et al., 2011）、娱
乐空间（Cooke, 1982）、交通空间（Liu and Var, 1986）、宗教文化空间（Adams,
1990）、治安空间（吴武忠等，2010）等之间的冲突也备受关注。

起因方面，政府的意见会影响到空间冲突的程度。Johnston（1990）和 Orams
（1999）提到由于政府的旅游政策的偏向导致居民对游客和旅游空间的发展产生了
愤怒情绪和抵触心理。另外，经济功能的失序、群体经济地位的隔阂等市场失灵情
况也会加重地方空间发展与居民生活空间的摩擦（王大明和林娟如，2010）。

关于解决路径，国内外学者持有意见不一。Ritchie（1999）和 Jamal（2004）
认为多方参与的圆桌会议是解决这一问题的重要对策。黄秀波（2018）也提及到"话
语权"的重要性。空间权力所属的部分，Jae-Hyuck（2019）建议向当地居民移交
旅游空间的管理权，而孙九霞和黄秀波（2017）则提出政府全权接管的必要性。另
外，李彦（2016）认为应该从公众行为引导和空间布局设计两方面来解决问题。

## 9.2 研究设计

### 9.2.1 研究方法：扎根理论

扎根理论由格拉泽（Glaser）与斯特劳斯（Strauss）于 1967 年提出，是在大量原始经验资料的基础上发现规律、自下而上建立理论的质性研究方法。该方法被认为特别适合微观的社会互动现象的研究（Strauss and Corbin，1997）。本章使用 Strauss 和 Corbin 的程序化扎根理论，在基于实际观察、系统收集资料的前提下寻找反映节事空间冲突现象的核心概念，并根据概念间的联系和逻辑关系对其进行开放性、主轴性和选择性 3 个级别的逐级译码分析，直至理论饱和，建构节事空间冲突的概念模型。

### 9.2.2 案例选择

根据 Robert（1994）的观点，案例（个案）研究（case study）可用于解决"怎么回事""为什么"等探索性的问题。因此，本章以"世界三大灯光节"之一的广州国际灯光节为案例研究对象，基于以下两点考虑：一是该节事至今已有八届，本土参与规模较大，知名度高。二是该节事主会场非节事专用场地，而是广州市城市新中轴线的重要节点——花城广场，广场及其周边办公大厦、商业设施、居民建筑林立，涉及主体多样。综合而言，广州国际灯光节体现了个案问题的集中性，案例具有典型性。

### 9.2.3 数据获取：网络文本及访谈记录

本章的研究数据来源于网络文本抓取和访谈两种途径，综合使用以相互印证。在扎根理论的译码过程中直至信息饱和即停止数据收集工作。

不同于一般网络文本，微博文本具有一定的即时性、互动性和公开性的特点（徐文翔，2013），便于本章的进行。故综合运用 Ajax 和 XPath 等技术语言、使用八爪鱼采集器采集包括用户名为"广州国际灯光节"的广州国际灯光节官方微博主页以及以"广州""灯光节"为关键词的原创博文的微博检索页中的博文内容及评论内容，其发表时间段为 2011 年 9 月至 2018 年 12 月（由于在此期间新浪微博对布局有所改版，故对采集规则有修改补充，见图 9-1）。共采集得到 28 741 条文本信息，包括 2653 条博文和 26 088 条评论信息，经过无效内容剔除、方言及繁简体转换等数据清洗工作后获得博文 374 条，评论信息 2325 条，共计 2699 条文本信息。

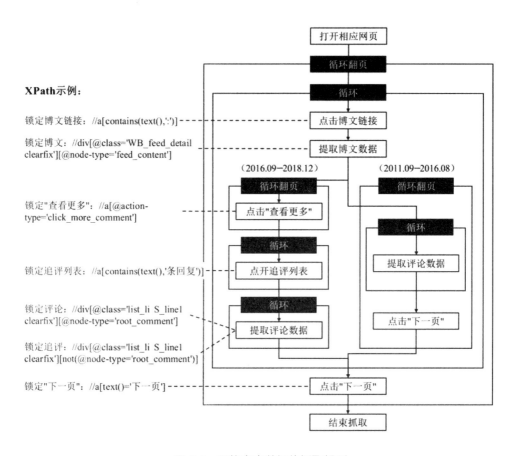

**XPath示例:**

锁定博文链接: //a[contains(text(),':')]

锁定博文: //div[@class='WB_feed_detail clearfix'][@node-type='feed_content']

锁定"查看更多": //a[@action-type='click_more_comment']

锁定追评列表: //a[contains(text(),'条回复')]

锁定评论: //div[@class='list_li S_line1 clearfix'][@node-type='root_comment']

锁定追评: //div[@class='list_li S_line1 clearfix'][not(@node-type='root_comment')]

锁定"下一页": //a[text()='下一页']

**图 9-1　网络文本数据的抓取规则**

　　访谈方面以面对面的线下访谈为主,加之少量电话和微信等线上访谈。在基本保证访谈样本选择的多样性原则的前提下,采用随机抽样方法确定目标访谈对象。首先是访谈提纲的确定,主要针对不同主体围绕 3 个问题展开:(1)对广州国际灯光节的了解、经历、印象等及其原因;(2)灯光节的举办对其生活或工作的影响(针对非节事参与者及节事辅助方)或灯光节的举办对当地的影响(针对节事参与者);(3)出于个人体会的感想及建议。其次,调研时间及地点分别为 2017 年11 月 14 日(工作日,灯光节期间)和 2018 年 11 月 10 日(一般周末)、13 日(一般工作日)、26 日(工作日,开幕式当天)、12 月 2 日(周末,灯光节期间)五个时间点以及花城广场,每次访谈时长为 20—40 分钟,共计 22 人次(表 9-1)。访谈结果在受访者知情同意的情况下进行录音,并将录制的音频转为文本格式。

表 9-1　访谈样本情况

| 类别 | 身份 | 性别 | 年龄区间 | 访谈形式 |
|---|---|---|---|---|
| 节事参与者 | 游客 | 男 | 26—30 | 面对面 |
| | | 女 | 21—25 | 面对面 |
| | | 女 | 31—35 | 面对面 |
| 非节事参与者 | 附近居民 | 男 | 76—80 | 面对面 |
| | | 女 | 71—75 | 面对面 |
| | | 男 | 61—65 | 面对面 |
| | | 女 | 46—50 | 面对面 |
| | 附近上班族 | 女 | 26—30 | 面对面 |
| | | 女 | 26—30 | 面对面 |
| | | 男 | 21—25 | 电话 |
| | | 女 | 21—25 | 微信 |
| | | 女 | 21—25 | 微信 |
| 节事辅助方 | 环卫工人 | 女 | 56—60 | 面对面 |
| | | 男 | 56—60 | 面对面 |
| | 绿化工人 | 女 | 41—45 | 面对面 |
| | | 男 | 46—50 | 面对面 |
| | | 女 | 41—45 | 面对面 |
| | 巡逻人员 | 男 | 31—35 | 面对面 |
| | | 男 | 31—35 | 面对面 |
| | 餐饮人员 | 女 | 56—60 | 面对面 |
| | 的士司机 | 男 | 41—45 | 面对面 |
| | | 男 | 41—45 | 面对面 |

# 9.3 分析过程

## 9.3.1 扎根理论分析

### 1. 开放性译码

"开放性译码"要求研究者在尽量中立的基础上对有意义的信息进行初步加工，包含 3 个步骤：（1）概念化，对原始文本资料进行分解并逐字逐句地分析，浓缩为相应意义单元，而后凝练出能代表现象意义的本土概念；（2）规范化，对所得本土概念进行比较、合并等操作，确保概念表意的明确性和唯一性；（3）范畴化，对规范后的本土概念进行类属分组、抽象概括，形成合理且合适的次要范畴。需要说明的是，由于网络文本无法判明来源主体的身份，故在译码过程中将尽可能使用可显著判断来源主体身份的文本示例，以保证分析过程的有效性。由此得到 46 个本土概念，并根据概念间的不同关系聚拢形成 16 个次要范畴，具体包括：交通不便、过度拥挤、影响工作秩序、干扰生活节奏、环境破坏、消极情绪、负面评价、抵制期望、影响健康、浪费及污染、质疑作秀、抵触心理、现场失控、现场安排、活动策划、官方作为。

表 9-2　开放性译码示例

| 范畴 | 概念 | 意义单元 | 文本示例 |
|---|---|---|---|
| 交通不便 | 交通限流 | 地铁站关闭 | 全部地铁口封闭，让在附近上班的人下班怎么走！ |
| | | 公交车飞站 | 走不出来，公交车不停，地铁不让上，足足走了两个半小时。 |
| | | 封天桥 | 托灯光节的福，天桥封了。 |
| | 交通拥堵 | 隧道堵塞 | 下班在珠江东路掉头到珠江西的隧道里塞了 45 分钟。 |
| | | 公共交通爆满 | 公共交通工具全部爆满，一个灯光节就可毁灭本身不好的广州交通。 |
| | | 机动车道被占 | 人潮直接涌上机动车道，反而汽车寸步难移。 |
| | 出行困难 | 回不了家 | 各种封路只能走路，走路也是七拐八绕，让附近普通居民有家归不得。 |
| | | 打车难 | 接近 1500 人排队打车也是前无古人后无来者了。 |
| | | 绕路走 | 那几天下班基本都走去远一点的五羊邨、猎德等再坐地铁，不在珠江新城进站，时间虽然会多花点，但真的是怕了。 |

## 2. 主轴性译码

主轴译码的任务主要是对开放性编码所得的概念和次要范畴作进一步的归纳。本章首先确保已有译码对原始文本资料在情境、意义等方面表达的准确性，而后在此基础上依照一定的逻辑关系将 16 个次要范畴凝练为 5 个主要范畴，分别是节事空间冲突的情景现象、主要原因、相关方感受、相关方观念、相关方建议。

表 9-3　主轴译码后的主要范畴

| 主要范畴 | 次要范畴 | 主要范畴 | 次要范畴 |
|---|---|---|---|
| 节事空间冲突情景现象 | 交通不便 | 节事空间冲突主要原因 | 抵触心理 |
| | 过度拥挤 | | 现场失控 |
| | 影响工作秩序 | 节事空间冲突相关方观念 | 影响健康 |
| | 干扰生活节奏 | | 浪费及污染 |
| | 环境破坏 | | 质疑作秀 |
| 节事空间冲突相关方感受 | 消极情绪 | 节事空间冲突相关方建议 | 现场安排 |
| | 负面评价 | | 活动策划 |
| | 抵制期望 | | 官方作为 |

3. 选择性译码

选择性译码要求研究者开始明确研究对象的故事线，从所得的主要范畴和次要范畴中挖掘出更全面、更具统领性的核心范畴，将所有主要范畴、次要范畴、本土概念串联起来，形成系统的理论框架。参考文献回顾内容，不难发现实际情形下，节事空间冲突的 5 个主要范畴遵循了如下的演变过程（图 9-2）：（1）情景现象刺激并加速主要原因的浮现。诸如交通不便等现象加快节事相关方愈发强烈的抵触心理和现场失控画面的显现；（2）情景现象作为导火索不断地累积，和主要原因共同推动节事空间冲突的形成；（3）节事空间冲突的形成导致节事相关方在体验过程中产生不良情绪等即相关方感受，并对各种外部信息进行自觉的认知加工，进而产生对节事的负面印象即相关方观念；（4）最后节事相关方回归理性，以自身诉求和现场的体验经历为主要依据和出发点，提出意见即相关方建议。

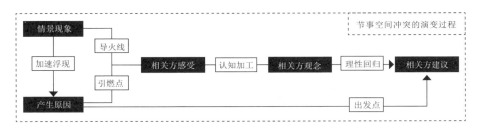

图 9-2 节事空间冲突的演变过程

根据上述故事线设想，本章得到了节事空间冲突的表现类型、产生原因、认知输出、治理协调 4 个核心范畴，它们共同构成节事空间冲突的演变过程，由此建构出由表现—原因—认知—治理构成的节事空间冲突的基本概念模型（图 9-3）。

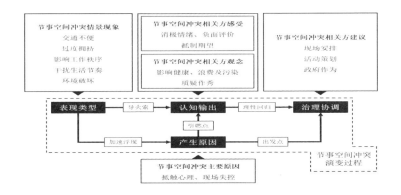

图 9-3 节事空间冲突的基本概念模型

### 9.3.2 不同节事相关方视角下的节事空间冲突

事实上，在访谈及资料整理过程中笔者发现，基于各自不同背景下的利益出发点，不同节事相关方视角下的节事空间冲突的具体内容有所不同。

1. 节事空间冲突的表现类型

非节事参与者视角下的节事空间冲突的表现类型涉及了节事空间与交通空间、通信空间、餐饮空间、工作空间、生理空间、休闲空间等多个城市原生空间的挤压与被挤压、占用与被占用、破坏与被破坏，受影响的具体对象包括附近的上班族、商户、学生、居民以及周边区域其他活动的参与者等（图9-4）。节事辅助方视角下的节事空间冲突表现出来更多的是节事空间与其工作空间的影响与被影响（由于节事空间与其工作空间的基本重合），涉及的具体对象为餐饮、地铁、车站、司机等服务人员，环卫、绿化工人以及巡逻人员等（图9-5）。

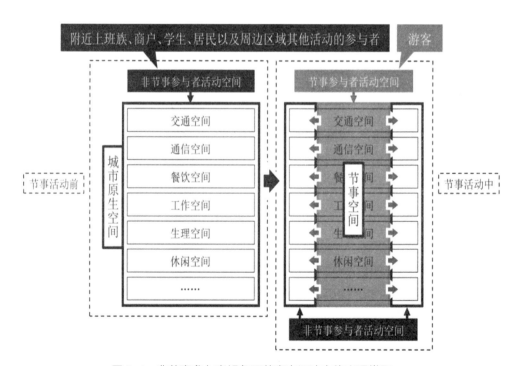

图9-4　非节事参与者视角下节事空间冲突的表现类型

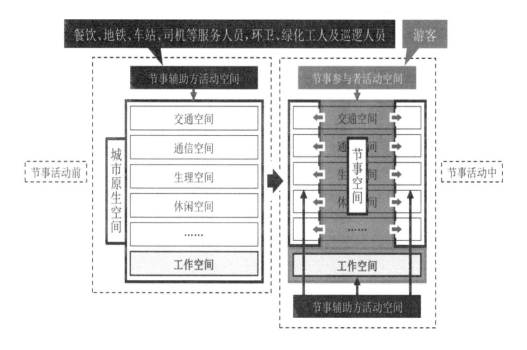

图 9-5  节事辅助方视角下节事空间冲突的表现类型

### 2. 节事空间冲突的产生原因

表现类型的产生和加剧加速了节事空间冲突产生原因的浮现，除了空间资源有限性与空间需求无限性的矛盾这一基本原因外还包括主体内因和外界诱因两方面的主要原因。利益所得和相关方素质是非节事参与者和节事辅助方的主要关注点。除此以外，非节事参与者视角下的主体内因还包括文化排外、权力不等、重复经历影响等，外界诱因则集中在现场管理工作的缺失部分上。相比之下，节事辅助方视角下无论是主体内因还是外界诱因事实上都与其自身的工作内容紧紧相扣，既认为工作所带来的既得利益有所不足，又抱怨因部分游客素质较低而导致的工作量加大（图9-6）。

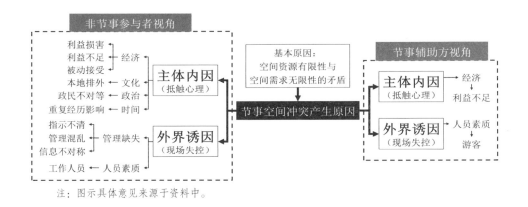

注：图示具体意见来源于资料中。

图 9-6 非节事参与者和节事辅助方视角下节事空间冲突的产生原因

3. 节事空间冲突的认知输出

表现类型和产生原因共同促发了相关方的认知输出并加剧了其输出的负面倾向，包括不良感受（消极情绪、负面意愿——即负面评价和抵制期望）和负面观念（图 9-7）。相较于节事辅助方，非节事参与者无论是在消极情绪还是负面评价和抵制期望上的表达相较节事辅助方要更为强烈，其中不乏"垃圾"等较过激的用词，在负面观念的形成上也主要围绕着自己的体验经历。或许是前者与节事的利益相关关系不如后者来得直接（由于其工作性质及内容的需要或限制），节事辅助方在输出消极情绪和负面意愿的过程中显得相对弱势而又无力，形成的负面观念多与自身工作内容相关。

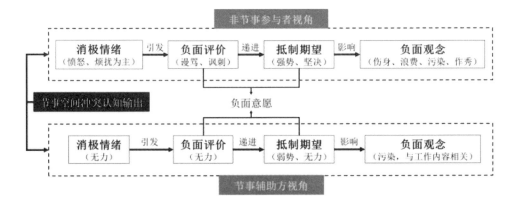

图 9-7 非节事参与者和节事辅助方视角下节事空间冲突的认知输出

#### 4. 节事空间冲突的治理协调

在认知输出即所谓的"发泄"后是理性的回归，多是基于认可节事对城市及举办地在经济等方面的积极影响，双方就自己的经历提出针对节事空间冲突进行治理协调的相关建议：非节事参与者着重从体验出发提出有关方案策划、辅助服务的改进意见，并期盼官方在节事空间冲突的解决上更有担当和作为；节事辅助方所提及的意见更关注的仍然是与自身工作内容相关的部分，包括设施的完善和游客素质的管理（图 9-8）。

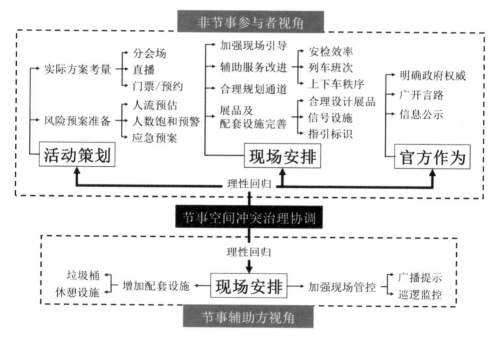

注：图示具体意见来源于资料中。

图 9-8　非节事参与者和节事辅助方视角下节事空间冲突的治理协调

### 9.3.3 节事空间冲突的概念模型

节事空间冲突的表现类型、产生原因、认知输出、治理协调共同构成节事空间冲突的演变过程，节事空间冲突的演变经历了从空间冲突现象的萌生、原因的加速浮现、节事相关方不良感受的产生、负面观念的显露到最后的理性回归即相关方认可节事的积极效应并提出相应建议的过程。结合图 9-2 至 9-8 可得出非节事参与者和节事辅助方视角下节事空间冲突的概念模型（图 9-9），在节事空间冲突不同的演变阶段中分别直观地展现不同节事相关方视角下的节事空间冲突的具体异同点。其中，非节事参与者视角下的节事空间冲突更多是与其自身的体验相关，相对于节事辅助方来说更像是一个所谓的"旁观者"，例如在认知输出的过程中会显得更加的强势和"肆无忌惮"。而节事辅助方视角下的节事空间冲突则更多是与其工作内容挂钩，受限于更为直接的经济利益关系，节事辅助方在节事空间冲突的演变过程中的更多关注点是放在与自身工作息息相关的部分上。

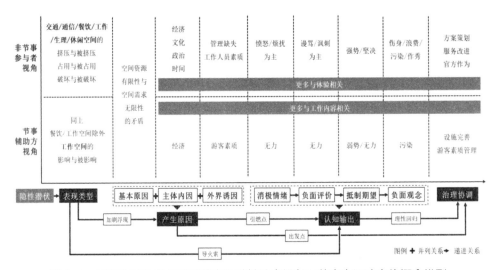

图 9-9　非节事活动参与者和节事活动辅助方视角下节事空间冲突的概念模型

## 9.4 结论与启示

### 9.4.1 研究结论

本章以广州国际灯光节为典型案例，采用扎根理论方法对节事空间冲突的基本概念模型进行探索性建构，并从非节事参与者、节事辅助方的视角出发对其展开对比讨论，丰富模型内容并得到最终的节事空间冲突的概念模型。研究结论及创新：第一，将"空间冲突"这一概念引入节事研究领域，为其理性发展提供空间层面上的理论参考，建构节事空间冲突的概念模型。节事空间冲突是一个涉及了多主体（节事参与者分别与非节事参与者及节事辅助方之间）、多成因（主体内因的驱使和外界诱因的加剧）、多空间（节事空间与包含交通空间、餐饮空间、工作空间、生理空间、休闲空间等多个空间在内的城市原生空间之间）、多程度（从隐性潜伏到被感知再到被认知输出）的复杂对象。节事空间冲突的演变是一个从表现类型出现、产生原因浮现、负面认知输出产生再到治理协调即理性回归的历时的过程，冲突程度较低，可控性较强。第二，丰富节事研究的对象选取，除节事参与者外更加关注非节事参与者和节事辅助方，了解不同相关方视角下的节事空间冲突。总的来说，非节事参与者视角下的空间冲突主要与其体验经历相关，而节事辅助方视角下的空间冲突则多与其工作内容有所关联。

### 9.4.2 管理启示

与长期的、不断变化的一般空间冲突相比，节事空间冲突同相应在该节事空间举办的节事一样具备"短时性"（余青等，2004）的特点，其演变过程较为迅速，跟随着节事的始终，冲突程度较低且处于基本可控的状态，在发展至下一个更为严重的阶段之前便因为节事的结束而停止。因此，相较于应对一般空间冲突的治理点如长期平衡、制度建立、测度防治等，在空间层面上对不同节事相关方的即时满足才是解决节事空间冲突的重点所在。具体包括：（1）合理规划空间及其功能，根据空间功能及目标使用人群等平衡不同空间比例，并辅以明确的动线及适当的围蔽措施等；（2）完善设施及服务的提供，包括其完备性及可达性，保证其存在且可用；（3）提高信息传播的通达性，既要求节事信息能够准确、及时地对外传播，更需要相关管理方对外界意见等信息的倾听与采用；（4）加强对人员素养的规劝，包括对节事参与者不良行为的劝诫以及对节事辅助方工作素养的规训；（5）建立预警机制及制定紧急应对措施，结合应用动态视觉识别等技术，既要防患于未然，也应有从容应对突发状况的风险预案。

# 第 10 章

# 城市群展览业竞合模式及发展路径研究

　　本章从生态学视角和用互证手法对区域展览竞合进行专项研究，以城市群展览业为研究对象，以"钻石"体系为理论框架，构建城市群展览业竞争力评价指标体系，将生态位态势模型与 AHP 两种不同方法应用于研究中。互证结果不仅印证两种方法对竞争力测算的合理性且对竞争力排名亦较有说服力，在此基础上，构建由"内三角"与"外三角"组成的城市群展览业三角竞合模型，并从基础路径、关键路径和保障路径三个方面阐述城市群展览业的发展路径。

　　城市群是在特定的地域范围内具有相当数量的不同性质、类型和等级规模的城市，依托一定的自然环境条件，以一个或两个超大或特大城市作为地区经济的核心，借助于现代化的交通工具和综合运输网的通达性，以及高度发达的信息网络，发生与发展着城市个体之间的内在联系，共同构成一个相对完整的城市"集合体"（姚士谋等，2006）。对城市群的相关研究自 1950 年代在西方发达国家开始后就方兴未艾，一直是国内外研究的热点（梅志雄等，2012）。目前，国内对城市群的研究主要采用地理学的方法，强调城市群整体上的空间性与综合性，缺少微观层次（企业经济）和中观层次（产业经济和空间经济）上的分析（骆玲和史敦友，2015）。据最新的我国《国民经济行业分类及代码》（GB/T4754-2011），会议及展览服务被列入商务服务业范畴，标志着会展业是一个独立行业。2015 年国务院第 15 号文《国务院关于进一步促进展览业改革发展的若干意见》，明确指出："已经成为构建现代市场体系和开放型经济体系的重要平台，在我国经济社会发展中的作用日益凸显"。珠江三角洲（简称珠三角，广州、深圳、佛山、东莞、珠海、中山、江门、惠州、肇庆）是中国南部会展的集中地，中国南部展览业的领头羊，无论展览的数量、展览使用面积及名牌大展的规模和影响，都在全国名列前茅（李力和余构雄，2009）。展览竞合模式是针对主导展览资源相似的临近地域而提出的一种展览发展模式，是指基于竞争前提下的有机合作，其实质是推动和实现城市群展览的有序发展。在展览业向纵深发展的进程中，城市的展览竞争力不再仅仅是单个城市之间的比拼，更重要的是取决于城市所在区域城市群的整体实力，加强珠三角城市群展览业的合作，既是珠三角展览业发展的客观要求，也是其展览发展的新动力。

## 10.1 相关研究述评

　　从所检索到的文献来看（对 science direct 和 web of knowledge 数据库的检索），国外极少直接针对展览业竞合的研究，甚至有关展览业方面的相关研究文献亦很少，这方面可从戴光全和张骁鸣（2011）在 2011 年 1 月通过剑桥科学文摘数据库（CSA）提供的四个子数据库，检索从产业角度研究节事的相关文献，结果显示会议业仅 11 篇，而未能检索到展览业的结论可印证。国外文献对展览业的研究主要是对影响展览业发展的基础环境、政策支持、服务创新等研究的基础上更好地实现发展战略。如 Bernini（2009）以意大利为例研究会展产业和产业集群，在构建产业集群理论框架体系基础上，重点研究意大利会展产业与当地基础设施以及旅游产品投入方面的影响，进而指出其合作的重点及未来发展战略。Chen 等（2012）发现台湾会展业的发展与会展服务质量密切相关，明确指出培养合格的专业人士、推出新的展览会、改善展览馆硬件设施等对展览业发展产生积极的影响。

对会展竞争力研究方面：国内对展览竞争力研究，多数将会议结合起来，统称会展竞争力，以构建竞争力指标为主要研究手段，整体上分为单一指标研究和指标体系研究，以指标体系为主；指标体系的权重及各指标的赋值普遍采用专家评分法直接获取，部分研究在专家评分基础上进一步运用数学模型进行测算（表 10-1）。

表 10-1　会展业竞争力研究概况

| 研究理论／方法 | 指标数量 | 实证对象 | 作者 |
|---|---|---|---|
| 模糊层次关系评价方法 | 14 个指标 | 无 | 颜醒华，俞舒君（2007） |
| 展馆位序比与经济比 | 单项指标 | 全国 31 个省、自治区、直辖市 | 胡平（2008） |
| 城市竞争力弓弦箭模型 | 12 个指标 | 22 个主要会展城市 | 程建林，艾春玲（2008） |
| 展馆首位度及效益值 | 单项指标 | 珠三角和香港 | 李力，余构雄（2009） |
| 波特钻石模型 | 14 个指标 | 29 个省、自治区、直辖市 | 周晓唯，叶倩（2011） |
| GEM 模型 | 27 个指标 | 上海市 | 卢晓（2012） |
| IPA 分析 | 22 个指标 | 湖南 | 邓峰，林德荣（2014） |

注：通过 CNKI，以会展竞争力、展览竞争力为检索词选择篇名对期刊进行检索，共检索到 100 篇文章，为确保引文的质量，仅提取 CSSCI 来源期刊的文献。检索时间：2016.01.18.19：08—19：25。

对会展合作研究方面：虽然检索到的文献数量不多，但均有一定的代表性，研究的范围既涉及区域或城市间会展的合作，又有会展业与其它行业之间的合作；既有探讨整个大中华会展合作问题，又有较为具体地以个别城市会展合作问题的深度案例剖析（表 10-2）。

表10-2　会展合作研究概况

| 研究理论／方法 | 实证对象 | 主要结论 | 作者 |
|---|---|---|---|
| 埃奇沃斯盒状图的改造 | 成都、重庆 | 走"会展资源互补型"合作模式 | 谭晓兰，毛艳华（2008） |
| 研究假设，问卷的验证 | 会展业和旅游业 | 合约式联盟和股权式联盟、纵向联盟和横向联盟 | 吴开军（2011） |
| 城市吸引力理论和模型 | 珠三角 | 广州为核心、深圳和珠海为次核心的珠三角会展业的区域合作机制 | 肖轶楠，张希华，李玺（2012） |
| 区域经济范畴下的现状分析 | 大中华 | 信息交互机制、利益分享机制、评价激励机制 | 李志勇，贺立龙，蒯文婧（2012） |

注：通过CNKI，以会展合作、展览合作为检索词选择篇名对期刊进行检索，共检索到147篇文章，为确保引文的质量，仅提取CSSCI来源期刊的文献。检索时间：2016.01.18.19：32—19：55.

在会展竞合相关研究方面，较有代表性的是肖轶楠，张希华和李玺（2012）以城市吸引力理论和模型为理论基础，构建了14项影响城市会展质量的指标体系，分别测算珠三角9城市的吸引力状况，最终构建起以广州为核心、深圳和珠海为次核心的珠三角会展业的区域合作机制，并指出应通过优势互补、资源共享、加强珠三角各城市间的合作；吴开军（2013）以粤港澳地区跨区域会展旅游企业为研究对象，对企业间相似性和企业声誉成为联盟伙伴的重要性、不同产权性质企业对寻求联盟伙伴渠道的差异性进行了分析，研究了会展企业和旅游企业竞合联盟的联盟伙伴选择问题。

综合来看，对会展竞争力、会展合作研究方面的文章不多，对会展竞合的专项研究更是凤毛麟角，现存的文章主要出现在2007年后，相关研究多数拘泥于专项会展问题的揭示及对策研究、较为典型的研究思路是描述现状—揭示问题—提出对策；而2007年之前多数是一些报道性、专访性的文章，研究的深度及广度均亟待提高。应该指出，迈克尔·波特的"钻石模型"是迄今为止分析一个国家（区域、城市）的产业竞争力最好的分析范式之一，而城市群展览业是一个由组织单位、参展商、参观者、会展场馆、会展工程、会展服务企业、会展行业协会等组成的有机复合体，和城市环境一起构成了特殊的生态系统，其发展同自然界中的其他生命体一样，也经历着诞生、成长和逐渐衰退的生态系统过程。鉴于此，本章以迈克尔·波特的钻石模型为理论框架，构建展览业竞争力指标体系，结合生态位的态势模型和层次分析法（AHP）进行综合测评，选择展览业发展历史长、水平高的珠三角城市群为实证研究，进行区域展览业竞争力的研究与探讨，创新区域城市展览业竞争力研究视角，以期为区域展览业竞争力提升提供理论指导与实践借鉴。

## 10.2 研究设计

### 10.2.1 指标体系构建

波特的产业竞争力理论认为，一国或地区的特定产业是否具有竞争优势取决于四个关键因素，即生产要素、需求条件、相关产业和支持性产业的表现、企业的战略、结构与竞争对手；此外，政府的作用以及机遇因素也具有相当的影响力；这六大层面互动形成了完整的"钻石"体系（迈克尔·波特，2002）。该理论同样适合城市会展业竞争力的评价，据此以该体系为理论框架，结合展览竞争力主要研究文献（颜醒华和俞舒君，2007；程建林和艾春玲，2008；周晓唯和叶倩，2011；卢晓，2012；邓峰和林德荣，2014；肖轶楠等，2012；胡平，2009；孙玲和林辰，2015；马勇和陈慧英，2013），提炼代表性量表，构建了包括生产要素的 10 项指标、需求条件的 4 项指标、相关支持性产业或行业的 5 项指标、展览业内部因素的 4 项指标、机会 1 项指标以及政府的 2 项指标，共 26 个具体指标的城市展览业竞争力评价指标体系（表 10-3）。

表10-3　城市展览业竞争力评价指标体系

| 系统层 | 状态层 | 变量要素层 | 变量要素解释 |
|---|---|---|---|
| 城市展览业竞争力 | 生产要素（9.14%） | 经济区位（25.38%） | 经济区位优越性 * |
| | | 政治区位（19.64%） | 政治区位重要性 * |
| | | 信息发达程度（21.44%） | 固定电话普及率（固定电话数／地区总人口）、移动电话普及率（移动电话数／地区总人口）、邮电业务总量 |
| | | 城市环境（15.23%） | 人均公共绿地面积、生活污水处理率、生活垃圾无害化处理率 |
| | | 城市科技文化水平（18.31%） | 文化、文物事业机构数，科技活动人员 |
| | 需求条件（23.10%） | 企业参展需求（34.12%） | 企业参展需求 * |
| | | 综合经济水平（16.83%） | 经济总量（城市 GDP） |
| | | 外贸发展水平（19.09%） | 外贸依存度（进出口额／城市 GDP） |
| | | 产业基础（29.97%） | 第三产业增加值 |
| | 相关支持性产业或行业（17.85%） | 旅游业（10.40%） | 旅游业总收入 |
| | | 酒店业（27.24%） | 星级酒店数 |
| | | 餐饮业（29.72%） | 住宿和餐饮业零售总额 |
| | | 零售业（11.29%） | 社会消费品零售总额 |
| | | 交通运输业（21.36%） | 客运量、客运周转量 |

续表

| 系统层 | 状态层 | 变量要素层 | 变量要素解释 |
|---|---|---|---|
| | 展览业内部因素（23.53%） | 展览公司（22.98%） | 展览公司数量 |
| | | 展览场馆（31.44%） | 展览场馆数量 |
| | | 人力资源（32.05%） | 高等学校在校学生数 |
| | | 会展行业协会（13.53%） | 会展行业协会数量 |
| | 机会（12.02%） | 机会（100%） | 城市展览业未来发展面临的机会 * |
| | 政府（14.36%） | 政府重视程度（52.60%） | 政府重视程度 * |
| | | 政府管理水平（47.40%） | 政府管理能力 * |

## 10.2.2 研究方法

为使研究结果更具说服力与可信性，研究采用对比手法，平行式融合思想贯穿于研究过程，即将生态位态势模型与 AHP 两种不同方法同时使用于研究中，以达互证效果。对比而言，生态位态势模型从客观视角对城市展览业过去及现在所积累的"态"的横向比较，又考虑了不同时段及未来发展趋势的"势"的纵向比较；AHP 对专家的主观判断所进行的客观量化。

### 1. 生态位态势模型

生态位态势理论认为生态位包含 2 个基本属性：生物单元的态（能量、生物量、个体数量、资源占有量、适应能力等）是过去生长发育、学习、社会经济发展以及与环境相互作用积累的结果；生态位的势是生物单元对环境的现实影响力或支配力，如能量和物质变换的速率、生产力、增长率、经济增长率以及占据新环境的能力等（朱春全，1997）。生态位态势理论在区域旅游城市竞合（汪清蓉和余构雄，2008）、主题公园竞合（王刚等，2008）、星级酒店竞合（余构雄和李力，2010）方面均有应用。将生态位态势理论应用于城市展览业竞争力，"态"方面通过各指标每年统计数据来衡量静态竞争力，"势"方面通过增减率来考察动态竞争力，"态"与"势"的结合有助于全面考察展览业竞争力水平。对应生物单元生态位分为态和势 2 个基本属性，城市展览业生态位的态是指生产要素、需求条件、相关支持性产业或行业、内部因素、机会及政府的各项具体指标值，它是城市发展过程中长期积累的结果；城市展览业生态位的势是城市的现实影响和支配力的体现，指其各项指标的变化量、更新速率、增长率等；城市展览业生态位的态和势的有机结合充分体现了城市展览业生态位宽度或者城市展览业生态位的大小，即展览业竞争力大小（朱春全，1997）：

式（10-1）
$$N_i = (S_i + A_i P_i) / \sum_{j=1}^{n} (S_j + A_j P_j)$$

其中：i，j=1，2，…，n；$N_i$ 为城市 i 的生态位；$S_i$ 为城市 i 的态；$P_i$ 为城市 i 的势；$S_j$ 为城市 j 的态；$P_j$ 为城市 j 的势；$A_i$ 和 $A_j$ 为量纲转换系数；$S_j+A_jP_j$ 称为绝对生态位。

城市展览业综合生态位（综合竞争力）的公式（李艳萍和葛幼松，2005）为：

**式（10-2）**
$$M_{ij} = \sum_{i=1}^{n} N_{ij}/n$$

其中：$M_{ij}$ 表示一个城市的展览业生态位（综合竞争力）；$N_{ij}$ 为每个变量要素的生态位；n 表示因子的个数；j 表示城市的个数。

### 2. AHP 法

在综合指标测度体系中，确定权重的较为常见方法有熵权法、AHP、主成分法等，本章采用 AHP 来确定指标权重。AHP 是一种多目标测评方法，它将复杂系统的测评决策过程数字化、简单化，其基本思路是将复杂问题分解为目标层、准则层及方案层，在各要素间进行比较、判断和计算，最后获得不同要素和不同方案的权重（谭跃进，2003）。本章指标体系的系统层对应层次分析法目标层、状态层对应准则层、变量要素层对应方案层，采用 9 级李克特量表评分标准，按层次分析法思想设计并发放调查问卷，发放对象是高等院校从事会展专业（方向）教学科研的教师，共 9 位专家（高级职称 3 位，中级职称 6 位），经审核问卷均有效，通过计算 9 位专家的几何平均数来构造判断矩阵并做一致性的检验，得出城市展览业竞争力评价体系中状态层和变量要素层各指标的权重（表 10-3）。

## 10.3 研究结果

### 10.3.1 生态位态势模型结果

基于指标体系，研究收集了珠三角 9 城市展览业竞争力评价指标 2010—2014年的数据，结合生态位态势模型，以每个城市变量从 2010—2014 年的现状数值作为"态"的度量指标，以平均增长量作为"势"的度量指标，以 1a 为时间尺度（每年的平均增长量），即量纲转换系数，运用生态位计算公式（10-1）将这些影响城市展览业生态位的变量进行综合计算，得出每个变量的生态位，再运用公式（10-2）得到每个城市展览业的综合生态位（表 10-4）。

表10-4 生态位态势的珠三角展览业竞争力得分及排名

| | 广州 | 深圳 | 佛山 | 东莞 | 珠海 | 中山 | 江门 | 惠州 | 肇庆 |
|---|---|---|---|---|---|---|---|---|---|
| 生产要素 | 0.2180 | 0.1601 | 0.0934 | 0.1258 | 0.0843 | 0.0904 | 0.0778 | 0.0778 | 0.0725 |
| 需求条件 | 0.2036 | 0.2245 | 0.1104 | 0.1248 | 0.0916 | 0.0692 | 0.0556 | 0.0785 | 0.0417 |
| 相关支持产业 | 0.4598 | 0.1652 | 0.1013 | 0.0692 | 0.0514 | 0.0317 | 0.0461 | 0.0498 | 0.0254 |
| 展览业内因 | 0.3454 | 0.1186 | 0.1236 | 0.0712 | 0.1130 | 0.0780 | 0.0717 | 0.0262 | 0.0523 |
| 机会 | 0.1332 | 0.1362 | 0.1218 | 0.1195 | 0.1233 | 0.1106 | 0.0885 | 0.0866 | 0.0803 |
| 政府 | 0.1317 | 0.1324 | 0.1210 | 0.1195 | 0.1246 | 0.1048 | 0.0929 | 0.0896 | 0.0834 |
| 综合生态位 | 0.2486 | 0.1562 | 0.1119 | 0.1050 | 0.0980 | 0.0808 | 0.0721 | 0.0681 | 0.0593 |
| 排名 | 1 | 2 | 3 | 4 | 5 | 6 | 7 | 8 | 9 |

注：表10-3标＊指标通过设置调查问卷，专家评分法赋值求平均（共9位业内专家，展会主营业务在珠三角，组展公司、展馆、协会各1位，展览搭建与设计4位，展览工厂2位，均为高层或老板）；展览公司数量在广东企业工商信息查询，展览场馆数量在好展会网查询，其余指标原始资料根据珠三角9个城市的相应年份统计年鉴、统计公报、广东统计年鉴整理计算。

## 10.3.2 AHP 结果

数据来源与上文生态位态势测算的数据来源一致，各个指标取其年平均值，为了消除指标量纲和量纲单位对评价结果造成的影响，需对原始数据进行标准化处理，由于本指标体系不涉及负向指标且存在部分指标间的数据差别较大，故采用以下标准化公式进行处理：

式（10-3）
$$y_i = \frac{x_i}{\sum\limits_{i=1}^{n} x_i} \times 10$$

其中，$y_i$ 标准化后的值，$x_i$ 为原始值。

据公式（10-3）将各指标年平均值进行标准化，将标准化后的值乘以相应的权重，最终得到 AHP 的珠三角展览业竞争力得分及排名（表10-5）。

表10-5 AHP 的珠三角展览业竞争力得分及排名

| | 广州 | 深圳 | 佛山 | 珠海 | 东莞 | 中山 | 江门 | 惠州 | 肇庆 |
|---|---|---|---|---|---|---|---|---|---|
| 生产要素 | 0.1954 | 0.1391 | 0.0937 | 0.0854 | 0.1109 | 0.0804 | 0.0707 | 0.0702 | 0.0681 |
| 需求条件 | 0.4659 | 0.4968 | 0.2680 | 0.2148 | 0.2827 | 0.1714 | 0.1351 | 0.1698 | 0.1058 |
| 相关支持产业 | 0.7316 | 0.3091 | 0.2085 | 0.1015 | 0.1459 | 0.0641 | 0.0848 | 0.0908 | 0.0488 |
| 展览业内因 | 0.8763 | 0.2894 | 0.2729 | 0.2765 | 0.1446 | 0.1723 | 0.1513 | 0.0395 | 0.1302 |
| 机会 | 0.1601 | 0.1637 | 0.1464 | 0.1482 | 0.1436 | 0.1329 | 0.1064 | 0.104 | 0.0965 |
| 政府 | 0.1891 | 0.1900 | 0.1738 | 0.1790 | 0.1716 | 0.1505 | 0.1335 | 0.1287 | 0.1199 |
| 综合竞争力 | 2.6184 | 1.5881 | 1.1633 | 1.0054 | 0.9993 | 0.7716 | 0.6818 | 0.603 | 0.5693 |
| 排名 | 1 | 2 | 3 | 4 | 5 | 6 | 7 | 8 | 9 |

对比生态位态势测算（表 10-4）和 AHP 测算（表 10-5）结果，从排名来看，除珠海与东莞排名相差 1 位外，其余城市排名均一致，从这一角度来看，可以认为采用生态位态势测算和 AHP 测算是合理的，所得出的珠三角城市展览业竞争力排名也较有说服力。

## 10.4 城市群展览竞合模式

根据珠三角城市群展览业竞争力测算结果，立足展览业内在运行规律，结合生态位理论，构建城市群展览业三角竞合模型（图 10-1）。

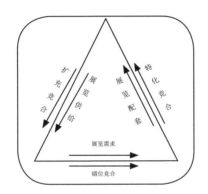

**图 10-1　城市群展览业三角竞合模型**

可以从三个层面深化对城市群展览业三角竞合模型的理解：

（1）城市群展览业竞合模型是一个处于不断变化发展的动态生态系统过程，由内三角的展览业运作体系、外三角的展览业竞合体系和圆形矩阵的产业环境（生态系统）构成。圆形矩阵的产业环境表明展览业类似于生态群落中的一个物种或一类物种，同样遵循着生态位原理的规律，在产业环境中具有一定的地位和角色，在产业环境中多种因素的限制和支持（竞争和合作）是交替进行的，存在着如何适应产业环境、如何利用产业资源、如何进行竞合等问题，以寻求适合自身生存和发展的生态位。在生物体的生态系统中，生物体的生态位主要是"物竞天择"，被动性的结果，其稳定性较强；而在展览业的产业环境中，展览业的生态位主要是由"人"发挥主观能动性进行主动选择的结果，其变动性较强，这个根本性的区别为合理有效地进行展览业生态位的竞合提供了依据。

（2）内三角的展览供给—展览需求—展览配套的循环体系构成展览业运作体系，展览需求立足于自身需求，将对展览配套（主要指外部环境）需求的信息一起反馈于展览供给，由展览供给以展览需求为导向，最终为展览需求提供产品和服务，内三角的展览业运作体系是城市群展览业可持续发展的基础，亦是其有序竞争、合作共赢的立足点。展览供给指为展览需求提供一系列产品及服务的企业，从产业链上中下游看，主要涉及组展、展馆、搭建设计、物流广告、现场服务、展览工厂、原材料等企业；展览需求以参展商参展、观众尤其是专业观众观展的市场需求为导向；展览配套主要指展览业所依托城市的政治、经济、文化、交通、餐饮、住宿、科技信息等外部环境。

（3）外三角的错位竞合—特化竞合—扩充竞合构成展览业竞合体系，外三角立足展览业运作体系，是实现城市群展览业可持续发展的关键。错位竞合：首先是空间错位，从表10-4和表10-5展览业竞争力的6个状态层面得分、综合得分及排名，结合城市群展览业发展现状、产业依托、区域展览业发展的定位与规划、展览产业链上中下游在区域的分工等关系，珠三角城市群展览业已基本形成广州、深圳竞争力领先优势，佛山、珠海、东莞竞争力比较优势，中山、江门、惠州、肇庆竞争力中等水准的三类竞争力等级梯状错位模式；其次是时间错位，大型展览会由于展会规模大、品牌效应强、展品覆盖面广或垄断某种办展资源，易获得优质的展览形象，对其他展览会形成遮蔽效应，因此，区域其他城市办展时间规划要与该类展会错位，如"广交会"举办所在的4月与10月，整个广州地区在这两月均非展览会的旺季（刘松萍等，2015），是一种典型的时间错位模式。最后是产业链错位，展览产业链上中下游的企业在区域范围需要有一个良好的分工与协调体系，适应城市产业转移发展的一般规律，组展、广告设计等现代服务业往竞争力领先优势城市倾斜，展览工厂、原材料制造等企业主要依托竞争力中等水准城市。在产业链上某一具体类别企业，特别是资金投入高、占地规模大的展览场馆，不宜盲目攀比、泛滥建设，竞争力中等水准城市的展馆宜错位于精品型、特色型展会，以中小型展馆为主，领先优势城市的展馆宜错位于大型展会、标志性展会，以中大型展馆为主。特化竞合：从表10-4和表10-5展览业竞争力的6个状态层面得分来看，广州、深圳各层面大多处于领先优势，较适合走泛化的发展道路，而其余城市均不具备这一特点，但在某个层面上都具有自身的比较优势，如东莞的需求条件、佛山的展览业内因、珠海的机会等，应该以此为突破口，走特化的发展道路。扩充竞合：城市群展览业可通过资源、信息、人才、技术等方面的互惠共生、合作共享的方式来实现展览项目的扩充，如组建珠三角城市展览联盟，通过联盟协调本地潜在展览项目的开拓和新展览项目的引进等。

# 10.5 城市群展览发展路径

## 10.5.1 基础路径

基础路径：以本土特色（产业特色、城市商贸特色、社会文化特色、民俗风情特色等）为依托打造专业展及品牌展，特别是立足于本土的特色产业、优势产业。国外知名展览城市如德国的汉诺威以信息通讯业为支柱产业，形成世界上最大的博览会"信息及通讯技术博览会"；慕尼黑以建筑业为特色产业，打造"建材建筑展览会（BAU）"；法兰克福最为知名的是汽车业，拥有具有国际影响力的"国际汽车（乘用车）展览会（IAA）"。从国外知名展览城市发展经验来看，其展览业的发达多与本地的产业有着密切的关系，有无知名品牌展会决定着城市在区域展览城市中的竞争地位，城市展览业的发展必须依托本地支柱产业、特色产业，形成专业展会、品牌展会，不仅是有效避免区域展览项目雷同化的重要途径之一，亦是打造知名品牌展会的有效手段之一。目前，珠三角多数城市的标志性展会是围绕本土特色而办展造展，如广州是我国对外开放的前沿地，是世界性的生产制造及商贸基地，因此其加工、代理、进出口展览亦享誉盛名，尤以"广交会"为代表；而深圳凭借实力强大的高新技术产业办"高交会"，中山依托沙溪镇的休闲服装产业办中国休闲服装博览会，佛山依托享誉盛名的陶瓷业办中国（佛山）国际陶瓷及卫浴博览交易会。

## 10.5.2 关键路径

关键路径：展、会、节、旅联合互动是关键路径之一；形成合理城市群展览经济产业带是关键路径之二。在实际运作中，展览与会议、节庆、旅游等产业紧密联系，"展中有会、会中有展、节中有会、节中有展、会展节旅"的联合互动现象较为普遍。会、节、旅的发展为展览提供更为完善的服务，加速城市展览业的发展；而展览为城市提供了经济、文化、社会风貌、旅游资源等展示的机会，有利于完善与提升城市功能、增加城市的知名度与美誉度，这些为会、节、旅的进一步发展提供了有利环境。此外，从整体产品概念（TPC）看会展产品的本质属性，会展产品由核心产品层次、实体产品层次和附加产品层次组成，附加产品层次往往是一个会展区别于另一个会展的品牌的特色和卖点（USP）所在，也是会展品牌特色的集中体现（戴光全和张骁鸣，2006）；于展览而言，展览本身所提供的展示、宣传、学习、交流、交易等机会是其核心产品层次，而与会、节、旅等的联合互动是其附加产品层次，是展会的独特卖点，构成展会核心竞争力的一部分。

　　基础路径及关键路径之一均着眼于城市视野，其着重点在于城市自身展览业的发展，落脚于局部思想；而关键路径之二是将城市置于城市群，从区域展览业视野来看待城市展览业的发展，着眼于整体思想。城市群的本质是集聚经济，已有较多的研究认为城市展览业的良性发展需要区域间或区域内城市间展览业的有序分工与合作，形成合理城市群展览经济产业带需要各城市在依托本土特色形成独特性展览卖点基础上，明确其自身在城市群中的功能定位，逐步形成各具特色、分工合理、梯次发展的展览经济发展格局。从表10-4和表10-5的结果来看，整体上，珠三角城市群展览业的发展格局较为合理，主要体现在其综合结果除广州和深圳处于领先优势外，其余7个城市表10-4的结果从佛山—东莞—珠海—中山—江门—惠州—肇庆，各城市间呈0.01梯次下降，表10-5的结果从佛山—珠海—东莞—中山—江门—惠州—肇庆，各城市间呈0.1梯次下降，其实质是呈现梯次发展格局。

### 10.5.3 保障路径

　　保障路径主要指政府保障、人才保障和协会保障。政府在区域展览业发展中具有培育、统筹、引导的职能，在区域展览业竞争力提升起着重要作用，在城市展览业竞争力评价指标体系中，政府层面的权重（14.36%）甚至高于四个关键因素之一的生产要素权重（9.14%）。造成这种现象的原因是深层次的，一方面与我国政府主办或主导型展会占有较高的比例且展会规格高（曹静晨，2013；袁亚忠和章晓檀，2013）有关，另一方面反映了展览业发展对政府政策法规和需要政府投资配套的基础设施等公共资源的依赖性。人力资源的权重（32.05%）和行业协会的权重（13.53%）在展览业内部四项因素中形成反差，分居首位与末位，在对专家的非结构式访谈得知，整体上认可展览专业人才对于行业发展的重要性，将其归因于行业发展的内因，而把行业协会视为行业发展的外因，并且认为两者在未来推进展览业发展的进程中，兹待改善提升的空间极大。

# 第 11 章

# 广交会网络关注度时空特征及其影响因素

伴随社会经济发展与科技水平的不断进步，互联网普及率和规模逐年提升，互联网正成为人们生产、生活中一项不可或缺的工具。截至 2017 年 12 月，我国网民规模达 7.72 亿人，互联网普及率为 55.8%。搜索引擎作为互联网的入口，是社会公众的重要网络信息获取平台。人们利用各种搜索引擎，根据自己的兴趣和需求检索服务功能查询和获取各种相关信息。这期间，网络搜索工具记录下庞大的搜索痕迹，这些数据不仅为科学研究提供新的网络调查工具和研究思路，也为大数据计算提供了最直接的资源。百度是全球最大的中文搜索引擎，百度指数（Baidu index）中的搜索指数是以百度海量网民行为数据为基础，通过关键词搜索计算出每个关键词的媒体关注度和基于地区 IP 地址的用户关注度数值，为研究网络关注度提供了有力保障和支持。作为网络关注度数据获取的重要途径和工具，已有学者将百度指数广泛应用于诸如地域网络、舆情评论、房地产泡沫、股票市场交易、期刊研究等课题的研究当中。在当前旅游业快速发展的形势下，传统的旅游研究数据获取方法已显现出一些不适应性，运用移动互联网进行数据挖掘和数据分析逐渐成为研究热点、趋势，故可利用百度指数来分析旅游目的地的网络关注程度，并对旅游活动与网络关注度的相互关系及影响机制进行探讨。

## 11.1 相关研究进展

旅游网络关注度及其对游客行为和客流量产生的影响已引起国内外学者的广泛关注，也是近年来旅游研究的热点。通过梳理国外已有文献，发现其相关研究主要表现在：一是基于网络搜索数据的旅游关注度研究，如 Andrew（2005）研究发现旅游网站信息统计数据，与现实到访旅游流存在着一定程度的引导关系；Andrlic（2010）指出发达国家和地区偏好利用互联网数据挖掘对旅游市场和旅游行为进行研究，而且这种可能性和趋势越来越凸显。二是网络信息对用户旅游决策的影响研究，如 Lexhagen（2005）研究如何通过旅游网站信息流为游客提供服务并促进购买，而这些对旅行代理商和旅游开发者尤为重要；Skadberg（2005）等研究发现良好的在线旅游经历可以很大程度上改变用户对旅游目的地的态度和行为，直接和间接激发实际到访意愿。三是分析网络信息对游客满意度的影响，如 Bing（2006）研究认为互联网获取过程相对低成本和便捷，并且能够提供更加丰富性和多样性的信息；Vila（2018）基于网站结构和内容对旅游电子商务搜索引擎和元搜索引擎进行比较，研究互联网作为旅游信息检索工具的作用。

而国内关于旅游网络关注度的研究内容主要聚焦在以下两个方面：一是旅游网络关注度时空分布特征及影响因素研究，研究视角包括区域、景区和其他类型旅游行为。区域层面，杨秀会等（2013）利用 Alexa 排名网站、百度指数和 Google Trends 统计分析工具，分析河北省各地级城市的网络关注度高低的成因，梁志峰（2010）基于 Google 趋势，对湘潭市的网络关注度特征进行分析，丁鑫等（2018）对厦门市旅游网络关注度的时空分布特征与影响因素进行研究；景区层面，李山等（2008）发现旅游景区网络空间关注度是其现实游客量的前兆，林志慧等（2012）基于百度指数搜索平台分析中国百强景区的网络关注度的时空分布特征，程钰婷等（2017）以长隆欢乐世界为例分析主题公园网络关注度在时间和空间上的分布特征及影响因素；其他类型旅游行为方面，如对乡村旅游、温泉旅游、邮轮旅游、红色旅游、大学生旅游、旅游安全网络关注度时空特征及影响因素的研究，同时研究认为距离是影响网络关注度空间分布差异的重要因素。二是网络关注度与游客量之间的关系研究，研究视角包括区域、景区和重大节事等。区域层面，龙茂兴等（2013）运用百度指数研究四川省旅游网络关注度与实际到访旅游客流量之间的关系，发现两者具有很强的正相关性，汪秋菊等（2015）研究城市旅游客流量—网络关注度空间分布特征与耦合关系，Li Xin 等（2017）以北京为例，通过搜索引擎查询量来预测旅游目的地的需求；景区层面，王硕（2013）等进行黄金周风景名胜区网络关注度与旅游客流量相关性分析，黄先开（2013）等发现故宫实际游客量与百度关键词存在长期均衡关系和格兰杰因果关系,孙烨（2017）等以不同客户端百度指数为例，对旅游景区日游客量进行预测研究，殷杰等（2015）基于 VECM 模型，以鼓浪屿为例对景区网络关注度与游客数量的关系进行研究；重大节事方面，如冯娜等（2013）基于因特网对重大事件旅游客流"前兆效应"进行研究。此外，从研究尺度来看，在时间上大多集中在一年（含）以内，或针对于黄金周等某特定时段的个案研究，而缺乏多年和不同时间域之间的多尺度比较；研究方法上一般采用横截面数据或者时间序列数据，多是相关分析与描述统计，较少有面板数据模型的应用。

综上，国内外学者多以旅游热点城市及一些知名旅游景区为研究对象，利用百度指数分析来某项旅游活动或某一旅游目的地的网络关注度，探讨网络关注度的时空差异及其与实际到访游客量之间的关系，然而以展览会为案例地进行多年时间尺度的网络关注度研究却比较少见。鉴于此，本章对中国各省（市、自治区）广交会网络关注度的时空特点进行探究，以期揭示其时空分布规律；同时利用 Stata14.0 软件和数理统计的内容对 2011—2016 年广交会网络关注度影响因素进行面板数据回归分析。

## 11.2 数据来源与研究方法

### 11.2.1 数据来源

搜索数据可以很大程度上体现出某一事物网络关注度的高低，搜索次数越多表示人们对该事物的关注度就越高。百度指数中的"用户关注度"是以关键词为统计对象，科学计算出并分析各个关键词在百度网页搜索中搜索频次的加权和，并以曲线图的形式进行直观展现。本章以百度指数为标准来反映广交会的网络关注度，在百度指数上搜索关键词"广交会"，利用 Python 爬虫技术在百度指数页面逐个抓取显示的数值，获取自 2011 年 1 月起至 2016 年 12 月"广交会"用户网络关注度的逐日数据。通过将搜集的每日数据按月相加，同时对我国各省（市、自治区）的数据分别按月、年进行统计，分别得到全国和 31 个地区广交会网络关注度的一手数据，为分析我国广交会网络关注度的时空特征提供数据来源。

### 11.2.2 研究方法

本章以我国各省（市、自治区）共 31 个地区的广交会网络关注度为研究对象，选取 2011 年 1 月—2016 年 12 月各省（市、自治区）广交会网络关注度数据，借鉴区域经济差异分析和地理时空差异分析的方法，选择时间维度（季节集中指数 S、分布偏度指数 T）和空间维度（地理集中指数 G 和基尼系数 Gini）4 个指标，较为全面、准确地衡量 2011—2016 年我国各省（市、自治区）广交会网络关注度的时空差异特征。

（1）季节集中指数（seasonal concentration indexes，S）：

引用季节集中指数 S 可以定量分析广交会网络关注度的时间集中性，公式为：

式（11-1）
$$S = \sqrt{\sum_{i=1}^{12}\left(X_i - 8.33\right)^2 / 12}$$

式中，S 为广交会网络关注度的季节集中指数；$X_i$ 为各月指标占全年的比重（如某月占全年 33.1%，则 $X_i$ 为 33.1）。S 值越接近于零，指标的时间分配越均匀；S 值越大，时间变动越大，广交会网络关注度的淡旺季差异越大。

（2）分布偏度指数（distribution skewness index，T）

张晓梅等提出周内分布偏度指数来测量古城网络关注度在黄金周微时间尺度的集中分布特征。本章借鉴这一方法，并结合广交会展期特点（广交会一届分三期，每期展览时间 5 天，撤换展时间为 3 天，考虑到数据的连续性，以 21 天计算），采用修正后的周内分布偏度指数 T 来测量广交会期间网络关注度集中分布特征。计算公式为：

式（11-2）
$$T= 100 \times \frac{2}{21}\left(\sum_{i=1}^{21} i x_i - \frac{21+1}{2}\right)$$

式中：$X_i$ 为第 i 日网络关注度占广交会期间全部网络关注度比重，i 为网络关注度从大到小的排列序号。T 指数在理论上的取值范围是 [-2000/21，2000/21]，若 T<0，说明网络关注度更多地集中在广交会的前期；T>0，说明网络关注度更多地集中在广交会的后期；T=0，则说明网络关注度在广交会期间对称分布。

（3）地理集中指数（geographic concentration index，G）：本章用以反映广交会网络关注度的地区分布状况，G 值越接近 100，广交会的网络关注越集中于某一个或几个地区；反之，G 值越小，广交会的网络关注越分散。其中，$P_j$ 表示第 j 地区广交会网络关注度，P 表示所有省区广交会网络关注度总数；n 为省区总数。

式（11-3）
$$G=100 \times \sqrt{\sum_{i=1}^{n} (p_j/p)^2}$$

（4）基尼系数（Gini coefficient，Gini）

作为测定收入差异程度的指标，基尼系数已成为区域经济发展均衡程度研究中常用的度量方法。运用基尼系数测算广交会网络关注度的省际、区域间的空间差异，公式如下：

式（11-4）
$$G\text{ini} = \frac{1}{NW} \sum_{i=2}^{N} \sum_{j=1}^{i-1} \left(Q_i - Q_j\right)$$

式中：Gini 为基尼系数；W 为 N 个省份广交会网络关注度的总和；$Q_i$，$Q_j$ 分别为 N 个省份搜索指数从低到高排列后的第 i、j 个省份的广交会网络关注度；N=31。基尼系数越大，表示省际或区域间的关注度差异越大。一般认为基尼系数在 0.4 以上表示差异明显，在 0.3—0.4 为比较合理，0.2—0.3 表示相对平均，0.2 以下则表示高度平均。

## 11.3 广交会网络关注度的时空特征分析

### 11.3.1 广交会网络关注度时间分布特征

#### 1. 广交会网络关注度的时间差异

全国广交会网络关注度指数 2011—2016 年总体上呈波动态势（表 11-1）。从月份上看，全国广交会网络关注度指数在 2011—2016 年 2—4 月呈上升趋势，4—6月呈下降趋势，8—10 月呈上升趋势，10—12 月呈下降趋势，出现"升—降—升—降"态势，其中，4 月、10 月广交会网络关注最高，因为广交会举办时间主要是在这两个月中，3 月、5 月、9 月、11 月关注度也较高。同时发现，每年 3 月份比5 月份、9 月份比 11 月份高，近似于左偏分布，说明广交会网络关注度指数表现出较为明显的"前兆效应"。

采用网络关注度的季节集中指数（S）对 2011—2016 年全国各月广交会网络关注度的季节集中度进行测算发现（表 11-1），2011—2016 年全国广交会网络关注度的季节集中指数分别为 3.4830、3.2678、3.8587、2.9709、3.2303 和 2.9889，表明每年广交会网络关注存在季节性差异，从表 11-1 全国各月广交会网络关注度指数可发现其季节性差异较为明显。具体从每月来看，其差异性也不尽相同，其中4 月和 10 月的季节性差异明显，其网络关注度明显高于其他月份。

表 11-1　2011—2016 年全国各月广交会网络关注度指数与季节集中指数

| 月份 | 网络关注度指数 | | | | | | 季节集中指数 | | | | | |
|---|---|---|---|---|---|---|---|---|---|---|---|---|
| | 2011 | 2012 | 2013 | 2014 | 2015 | 2016 | 2011 | 2012 | 2013 | 2014 | 2015 | 2016 |
| 1 月 | 50371 | 46693 | 49895 | 81920 | 90494 | 81786 | 14.5359 | 15.9226 | 21.1351 | 13.1326 | 8.1081 | 11.5040 |
| 2 月 | 62537 | 79365 | 48664 | 109092 | 76269 | 95673 | 7.4066 | 0.9096 | 21.9904 | 4.2557 | 13.7588 | 6.5191 |
| 3 月 | 121796 | 127155 | 106688 | 176622 | 181985 | 185358 | 6.7231 | 12.1655 | 0.1215 | 3.2997 | 7.2655 | 8.1907 |
| 4 月 | 158610 | 162044 | 136516 | 243281 | 251406 | 239227 | 34.7451 | 45.2999 | 3.5454 | 31.8764 | 47.6278 | 37.3877 |
| 5 月 | 81563 | 83534 | 75103 | 136869 | 129929 | 130731 | 1.0306 | 0.3207 | 7.3520 | 0.2183 | 0.2101 | 0.1905 |
| 6 月 | 65926 | 69043 | 54660 | 118261 | 107685 | 105872 | 5.8448 | 3.6599 | 17.9846 | 2.3599 | 3.2615 | 3.7537 |
| 7 月 | 68536 | 68118 | 118751 | 111923 | 114333 | 115333 | 4.7677 | 3.9962 | 0.3068 | 3.6111 | 1.9556 | 1.8665 |
| 8 月 | 77220 | 70959 | 122563 | 118995 | 118318 | 112103 | 1.9732 | 3.0102 | 0.7041 | 2.2321 | 1.3497 | 2.4374 |
| 9 月 | 108488 | 96481 | 152676 | 157756 | 127939 | 143273 | 1.9583 | 0.4058 | 9.9564 | 0.5369 | 0.3351 | 0.1029 |
| 10 月 | 177803 | 147370 | 236787 | 252626 | 234201 | 227284 | 58.0004 | 28.8016 | 93.3067 | 38.2266 | 34.3271 | 29.0891 |
| 11 月 | 78812 | 70298 | 128610 | 128178 | 120910 | 116843 | 1.5926 | 3.2272 | 1.6927 | 0.9341 | 1.0095 | 1.6256 |
| 12 月 | 63386 | 54892 | 101130 | 105193 | 97041 | 102692 | 6.9981 | 10.4218 | 0.5842 | 5.2300 | 6.0065 | 4.5345 |
| 全国 | 1115048 | 1075952 | 1332043 | 1740716 | 1650589 | 1656175 | 3.4830 | 3.2678 | 3.8587 | 2.9709 | 3.2303 | 2.9889 |

## 2. 广交会举办期间网络关注度特征分析

广交会举办期间是广交会网络关注度出现明显波动的时期。本章统计 2011—2016 年"春交会"（广交会春季开展时间每年 4 月 15 日至 5 月 5 日）、"秋交会"（广交会秋季开展时间每年 10 月 15 日至 11 月 4 日）期间的日均网络关注度，分析广交会举办期间广交会网络关注度分布特征。本章统计了广交会从举办前 5 天开始至结束后 5 天为止共 31 天的网络关注度（图 11-1）。在 2011—2016 年广交会举办期间，广交会网络关注度前后变化具有一致性，总体是开幕前关注度开始明显上升并在广交会开幕的第 1 或 2 天达到顶峰，客流"井喷"现象明显。可见节事活动举办的前期呈现出明显的"轰动效应"，随后呈下降趋势并在广交会闭幕后达到一个稳定的状态。通过广交会期间网络关注度分布偏度指数 T 进一步分析广交会期间网络关注度分布状况（表 11-2）。广交会的 T 指数在 2011—2016 年均小于 0，表明广交会网络关注度偏向广交会举办的前期。

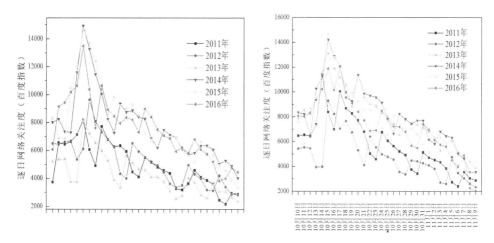

图 11-1　春交会和秋交会前后广交会网络关注度

表 11-2　2011—2016 年广交会期间网络关注度分布偏度指数

| 年份 | 2011 | 2012 | 2013 | 2014 | 2015 | 2016 |
|---|---|---|---|---|---|---|
| 春交会 | -12.2603 | -14.1538 | -16.4544 | -14.1214 | -15.7454 | -11.0659 |
| 秋交会 | -14.7952 | -17.5102 | -12.1603 | -12.9919 | -13.8832 | -11.9033 |

### 11.3.2 广交会网络关注度空间分布特征

#### 1. 广交会网络关注的省际差异

2011—2016年广交会网络关注度，除了存在时间差异外，全国各省（市、自治区）也存在显著的空间差异特征。从表11-3的全国31个省市广交会网络关注度指数来看，2011—2016年整体上呈波动态势，其中2014年相当多省市广交会网络关注度较为突出，达到6年中的"波峰"。从表11-4的地理集中指数G可发现，2011—2016年均大于24，说明广交会网络关注度倾向于某个区域。同时省际间基尼系数从2011年的0.4301减少到2016年的0.3867，呈现下降趋势，可见各省（市、自治区）对广交会越来越关注，差异性在逐渐减小。

表11-3 2011—2016年全国各地区广交会网络关注度指数

| 地区 | 网络关注度指数 | | | | | | 季节集中度指数 | | | | | |
|---|---|---|---|---|---|---|---|---|---|---|---|---|
| | 2011 | 2012 | 2013 | 2014 | 2015 | 2016 | 2011 | 2012 | 2013 | 2014 | 2015 | 2016 |
| 北京 | 56579 (4) | 54241 (5) | 60299 (5) | 74349 (7) | 72214 (6) | 72093 (6) | 3.6174 | 3.2978 | 3.2997 | 2.7899 | 2.9113 | 2.6093 |
| 福建 | 50460 (7) | 48015 (7) | 58737 (7) | 75751 (5) | 70747 (7) | 71279 (7) | 4.1051 | 3.7376 | 3.9864 | 3.3048 | 3.2073 | 3.0131 |
| 广东 | 208242 (1) | 196970 (1) | 229148 (1) | 300822 (1) | 304393 (1) | 299452 (1) | 5.4666 | 5.0815 | 6.3001 | 6.2028 | 7.0551 | 5.7734 |
| 河北 | 37057 (8) | 37240 (8) | 44711 (8) | 59813 (8) | 58148 (8) | 57413 (9) | 2.8837 | 2.6435 | 3.0750 | 1.8463 | 2.0446 | 1.9570 |
| 海南 | 15262 (26) | 14653 (26) | 20563 (26) | 26855 (27) | 24970 (26) | 25133 (26) | 2.6914 | 3.3518 | 4.0653 | 2.9482 | 2.9986 | 3.6572 |
| 江苏 | 58188 (3) | 58781 (3) | 67674 (3) | 89484 (3) | 84904 (3) | 82832 (3) | 3.8647 | 3.8647 | 3.8647 | 3.8647 | 3.8647 | 3.8647 |
| 辽宁 | 29844 (12) | 27766 (13) | 36390 (13) | 47322 (14) | 46125 (16) | 44232 (16) | 2.3474 | 1.7004 | 2.9496 | 1.3064 | 1.6064 | 1.4930 |
| 上海 | 54318 (6) | 52687 (6) | 59046 (6) | 74718 (6) | 75270 (5) | 73571 (4) | 3.8516 | 3.7375 | 3.5488 | 3.0795 | 3.2746 | 3.0501 |
| 山东 | 56513 (5) | 54523 (4) | 62004 (4) | 78856 (4) | 78253 (4) | 73397 (5) | 3.6247 | 3.4983 | 3.6409 | 2.9217 | 2.9275 | 2.7710 |
| 天津 | 27423 (14) | 27169 (14) | 36754 (14) | 45823 (17) | 43222 (17) | 42655 (18) | 1.8374 | 1.8176 | 2.8292 | 1.8327 | 1.7538 | 1.5650 |
| 浙江 | 114599 (2) | 110704 (2) | 115535 (2) | 139855 (2) | 131538 (2) | 128132 (2) | 5.3309 | 5.2881 | 5.0673 | 4.8933 | 4.9251 | 4.5889 |
| 安徽 | 30119 (11) | 29352 (11) | 38780 (12) | 53143 (11) | 49384 (12) | 47610 (13) | 2.3918 | 2.1513 | 3.1376 | 1.8214 | 1.8226 | 1.7285 |
| 黑龙江 | 21412 (21) | 20532 (21) | 28479 (21) | 38164 (21) | 32029 (21) | 34334 (21) | 1.1313 | 1.7783 | 3.1005 | 1.2529 | 2.1426 | 1.9238 |
| 河南 | 35171 (9) | 33144 (9) | 43459 (9) | 57850 (9) | 57762 (9) | 57988 (8) | 2.5098 | 2.1587 | 3.1622 | 1.7620 | 1.7841 | 1.5582 |

续表

| 地区 | 网络关注度指数 | | | | | | 季节集中度指数 | | | | | |
|------|------|------|------|------|------|------|------|------|------|------|------|------|
| | 2011 | 2012 | 2013 | 2014 | 2015 | 2016 | 2011 | 2012 | 2013 | 2014 | 2015 | 2016 |
| 湖南 | 29382（13） | 28219（12） | 38872（11） | 56585（10） | 51732（11） | 49667（12） | 2.4339 | 2.2023 | 3.4995 | 1.8383 | 1.8942 | 1.8401 |
| 湖北 | 32063（10） | 30703（10） | 41390（10） | 52666（12） | 53462（10） | 52408（11） | 2.3240 | 2.0810 | 3.2900 | 1.7495 | 1.9324 | 1.6447 |
| 吉林 | 20852（22） | 20388（22） | 28948（20） | 35363（22） | 31779（22） | 31519（23） | 1.5523 | 1.4801 | 3.4060 | 1.7198 | 1.7203 | 2.1107 |
| 江西 | 25830（16） | 25287（17） | 33931（17） | 46266（16） | 46647（15） | 43509（17） | 1.7828 | 1.7375 | 3.2893 | 1.8304 | 1.7202 | 3.4927 |
| 山西 | 23004（19） | 23020（19） | 32056（19） | 41523（19） | 39190（19） | 36493（20） | 1.8125 | 2.0259 | 3.4254 | 1.7235 | 1.9311 | 1.7475 |
| 重庆 | 21845（20） | 21721（20） | 28463（22） | 38842（20） | 37309（20） | 38481（19） | 1.7844 | 1.9367 | 3.6540 | 1.7267 | 1.9405 | 1.8335 |
| 甘肃 | 12594（28） | 11977（28） | 16151（28） | 22431（28） | 20954（28） | 20777（28） | 3.3086 | 3.3668 | 4.7980 | 1.9891 | 5.1292 | 2.9833 |
| 广西 | 25891（15） | 25442（16） | 35978（15） | 46880（15） | 49015（13） | 44692（15） | 2.0243 | 1.5464 | 3.1237 | 1.4884 | 2.3145 | 1.7168 |
| 贵州 | 16532（25） | 16095（24） | 19974（27） | 29878（24） | 28698（24） | 29167（24） | 2.2760 | 1.9796 | 4.0482 | 2.0613 | 2.7859 | 2.1589 |
| 内蒙古 | 15097（27） | 15427（25） | 20905（25） | 29518（25） | 25822（25） | 27021（25） | 2.4778 | 2.4023 | 3.8616 | 2.1135 | 2.9250 | 2.4082 |
| 宁夏 | 8105（29） | 6910（29） | 10391（29） | 12772（29） | 8960（29） | 9746（29） | 3.8152 | 4.1328 | 4.6117 | 2.9901 | 5.1227 | 3.8242 |
| 青海 | 3981（30） | 2991（30） | 4434（30） | 5938（30） | 5137（30） | 5981（30） | 4.5231 | 5.6957 | 7.6269 | 2.8494 | 4.9902 | 4.3774 |
| 四川 | 25083（17） | 25825（15） | 35611（16） | 48530（13） | 48497（14） | 55970（10） | 1.8199 | 1.5142 | 3.4113 | 1.2722 | 1.7391 | 2.0199 |
| 陕西 | 23649（18） | 23972（18） | 33186（18） | 44693（18） | 42103（18） | 44801（14） | 1.7235 | 1.7997 | 3.3927 | 1.1694 | 1.5413 | 1.8443 |
| 西藏 | 1739（31） | 1317（31） | 1831（31） | 3215（31） | 3372（31） | 1769（31） | 8.2836 | 4.1456 | 6.7704 | 5.6796 | 7.9427 | 9.8253 |
| 新疆 | 17094（24） | 13416（27） | 23748（24） | 28985（26） | 23987（27） | 21505（27） | 1.9105 | 4.5050 | 3.6896 | 1.8028 | 2.7527 | 3.0908 |
| 云南 | 17120（23） | 17465（23） | 24595（23） | 33826（23） | 30660（23） | 32548（22） | 2.4625 | 2.0717 | 3.8781 | 2.1748 | 2.1083 | 2.2806 |

注：括号中数值代表该地区广交会网络关注度的规模位序，此统计数据不包括港澳台地区。

　　以 2011—2016 年全国各省（市、自治区）31 个地区广交会网络关注度指数规模进行排序，发现各地区广交会网络关注度位序都具有一定程度的波动和起伏，但广东、浙江、江苏、山东、北京、上海、福建、河北、河南和湖北的位序始终较为靠前，这和戴光全等的研究结果较为一致。

个别地区位序上升显著，如四川省 2011 年至 2016 年位序分别为 17、15、16、13、14 和 10，呈上升态势；个别地区位序下降明显，如辽宁省 2011 年至 2016 年位序分别为 12、13、13、14、16 和 16，呈持续下降态势；也有地区位序呈跳跃态势，如湖南省 2011 年至 2016 年位序分别为 13、12、11、10、11 和 12，呈"上升—下降—上升"态势；山东省 6 年间位序波动不大，在 5、4、4、4、4 和 5 间变化；新疆的位序较靠后，6 年间分别在 24、27、24、26、27 和 27。从全国三大区域看，东部 11 个地区排序整体靠前，中部 8 个地区规模居中，西部 12 个地区位序较为靠后，说明东部地区广交会网络关注度较高，对广交会信息较为关注。

### 2. 广交会网络关注度的区域差异

我国广交会网络关注度存在明显区域差异，而且差异特征明显。从三大区域看，呈现出东部—中部—西部地区依次减少态势，东部 11 个省份比中部 8 个省份、西部 12 个省份高，说明东部地区对广交会关注度较高，比较关注广交会，特别是广东、浙江、江苏等地广交会网络关注度指数居于前列。三大区域之间广交会网络关注度差异整体态势与省际间一致，总体呈持续下降趋势，这表明区域间广交会网络关注度一直存在差异，且差异在逐渐缩小。

从"东—中—西"三大区域内部的基尼系数来看，东部地区整体呈逐步下降趋势，内部差异减小；中部地区先下降后增长，2013 年基尼系数最低而 2016 年最高；西部地区呈波动增长趋势，2014 年的差异最小（见表 11-4）。总体来看，三大区域内部的广交会网络关注度差异较明显，东部地区的内部差异远大于中部、西部地区，中部地区内部差异最小。

表 11-4　2011—2016 年全国广交会网络关注度的省际差异级、区域差异

| 年份 | 省际差异 | | 区域内差异 | | | 区域间差异 |
|---|---|---|---|---|---|---|
| | G | Gini | 东部 | 中部 | 西部 | |
| 2011 | 26.1181 | 0.4301 | 0.3705 | 0.1024 | 0.2726 | 0.3108 |
| 2012 | 25.9345 | 0.4307 | 0.3674 | 0.0962 | 0.2979 | 0.3099 |
| 2013 | 24.5874 | 0.3849 | 0.3422 | 0.0841 | 0.2919 | 0.2681 |
| 2014 | 25.9345 | 0.3745 | 0.3429 | 0.0953 | 0.2864 | 0.2559 |
| 2015 | 25.0067 | 0.3906 | 0.3511 | 0.1138 | 0.3156 | 0.2646 |
| 2016 | 24.9142 | 0.3867 | 0.3493 | 0.1350 | 0.3294 | 0.2567 |

　　注：本章按照国家统计局标准对东、中、西部地区进行划分：东部地区包括北京、天津、河北、辽宁、上海、江苏、浙江、福建、山东、广东、海南 11 个省（市）；中部地区包括山西、吉林、黑龙江、安徽、江西、河南、湖北、湖南 8 个省；西部地区包括内蒙古、广西、重庆、四川、贵州、云南、西藏、陕西、甘肃、青海、宁夏、新疆 12 个省（市、自治区）。

### 3. 广交会网络关注度空间形态分布特征

获取 2011—2016 年中国 31 个省（市、自治区）广交会网络关注度数据年度累加值，并运用 ArcGIS 软件将其可视化（图 11-2）。

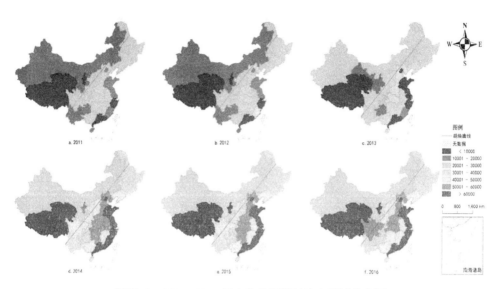

图 11-2　2011—2016 年广交会网络关注度区域分布图

从图 11-2 可以看出，广交会网络关注度的空间分布与胡焕庸先生 1935 年在《中国人口之分布》中提出的人口密度分布格局十分相似，以胡焕庸线（即"黑河—腾冲线"）为东西界线，广交会网络关注度体现为东密西疏，呈现出东部＞中部＞西部的趋势。

为进一步验证类"胡焕庸线"空间分布特征，本章借鉴阮文奇（2018）一文的方法，以省区为研究单元，对"胡焕庸线"两侧广交会网络关注度进行对比分析。由于"胡焕庸线"横跨了内蒙古、黑龙江、山西、宁夏、陕西、甘肃、四川和云南等 8 个省份，除四川省外，其他省区被"胡焕庸线"切割的面积较小，故不考虑小区域分割部分，同时鉴于四川省经济水平与地位高于"胡焕庸线"西北半壁省份，因此在进行广交会网络关注度对比分析中，将内蒙古、宁夏和甘肃纳入"胡焕庸线"西北半壁，将四川、黑龙江、陕西、山西和云南纳入东南半壁。研究结果显示：广交会网络关注度在"胡焕庸线"两侧空间差异巨大，整体上保持 95:5 的大致比例（表 11-5），基本与"胡焕庸线"两侧人口分布比例相一致，且两侧广交会网络关注度空间分异较为稳定，总体上广交会网络关注度呈现较为明显的"胡焕庸线"空间分布格局。

表11-5　"胡焕庸线"两侧广交会网络关注度比例

| 年份 | 2011 | 2012 | 2013 | 2014 | 2015 | 2016 |
|---|---|---|---|---|---|---|
| 东南半壁百度指数 | 1056438 | 1023914 | 1254583 | 1637857 | 1588051 | 1569376 |
| 西北半壁百度指数 | 58610 | 52038 | 77460 | 102859 | 88232 | 86799 |
| 东南半壁 % | 94.45 | 94.92 | 93.83 | 93.72 | 94.44 | 94.47 |
| 西北半壁 % | 5.55 | 5.08 | 6.17 | 6.28 | 5.56 | 5.53 |

　　同时为研究地理距离因素对广交会网络关注度的影响，用广交会举办地广州市至全国各省区的政府所在地的空间距离进行衡量（根据各省会驻地的经、纬度坐标计算），并假设广交会网络关注度与地理距离呈现一定的曲线关系，以距离为排序依据，按照网络关注度—距离升序排列，将数据输入 origin8.5 软件进行曲线拟合。运用多种模型模拟广交会网络关注度距离衰减形态，发现高斯多峰模型模拟效果最好（R2 大于 0.5 小于 0.8，表明基本符合，见表 11-6）。这一峰值衰减特征证实了广交会网络关注度空间上的差异受距离阻尼的干扰，但并未呈现出由近及远的随距离连续性规律衰减形态，与以往交通流、电信流和旅游流的距离衰减形态存在着差异性。可见，传统的地理距离因素虽然对广交会网络关注度有一定程度上的负向影响，但已不再是显著的影响因素。这也说明伴随着区域间交通条件不断改善，尤其是高速公路、高速铁路的出现和快速发展，缩短区域经济距离，产生比较明显"时空压缩"效应（time-space compression），正如 David Harvey 所言，时间和空间的客观概念必定是通过服务于社会生活再生产的物质时间活动与过程而创造出来的。特别是对准备参加广交会这种商业性活动的参展商和专业观众而言，出于空间距离因素考虑的倾向在逐渐降低并主动克服空间阻尼的影响。因此，地理空间的差异已不是影响广交会网络关注度的主要因素，这一发现与以往的研究，如 Choi 所认为的地理距离是信息流传输先决条件的观点略有不同，同时预期未来随着广交会电子商务平台发展以及对商品与服务质量的完善，地理距离的作用有望得到进一步削弱。

表11-6　广交会网络关注度衰减形态拟合优度指数及基尼系数

| 年份 | 高斯多峰模型 Adj. R-Square | 基尼系数 |
|---|---|---|
| 2011 | 0.5825 | 0.4301 |
| 2012 | 0.5730 | 0.4307 |
| 2013 | 0.6384 | 0.3849 |
| 2014 | 0.6844 | 0.3745 |
| 2015 | 0.7161 | 0.3906 |
| 2016 | 0.7329 | 0.3867 |

## 11.4 广交会网络关注度的影响因素分析

### 11.4.1 指标选取及模型建构

#### 1. 指标选取

本章以我国 31 个省（市、自治区）广交会网络关注度为研究对象，选取
2011—2016 年广交会网络关注度的面板数据（Panel Data）作为研究样本，建立
合适的面板数据模型（Panel Data Model），借助于 STATA14.0 软件实证分析各个
解释变量对广交会网络关注度的影响。梳理已有相关文献发现，影响广交会网络关
注度的因素涉及诸多指标。经过深入研究和探索，综合考虑数据的可获取性与指标
的完整性，本章确定选取以下 5 个指标（见表 11-7）。

**表 11-7　广交会网络关注度的影响因素及其指标**

| 变量 | 类别 | 影响因子 | 符号 |
|---|---|---|---|
| 解释变量 | 社会人口统计特征 | 性别比（女 =100） | X1 |
| | 地区经济基础 | 国内生产总值（亿元） | X2 |
| | | 人均 GDP（元） | X3 |
| | 互联网发展水平 | 互联网普及率（%） | X4 |
| | 展览业发展水平 | 展览面积（万平方米） | X5 |
| | 地区人口规模 | 地区人口数（万人） | X6 |
| 被解释变量 | 广交会网络关注度 | "广交会"百度指数 | Y |

数据来源：性别比、国内生产总值和人均 GDP 数据来源于 2012—2017 年《中国统计年鉴》，互
联网普及率数据来源于第 29 次、31 次、33 次、35 次、37 次和 39 次《中国互联网络发展状况统计报告》，
展览面积数据来源于 2011—2016 年《中国展览数据统计报告》。

解释变量：①社会人口统计特征。根据《中国统计年鉴》统一划分，采用分地
区居民性别比这一指标来衡量。性别比是指人口中男性人口与女性人口的比值（通
常指 100 个女性对应的男性人数）。蒋美华等研究指出，男性与女性在网络信息的
关注取向和关注程度方面存在着差异。

②地区经济基础。经济发展水平是影响网络关注度空间分布的重要因素。本章
选择国内生产总值（GDP）、人均 GDP 作为衡量各地区经济发展水平的主要指标，
并预期经济发展水平对广交会网络关注度有显著正向影响。

③互联网发展水平。互联网发展水平主要由信息化程度、互联网上网人数、互
联网普及率等来体现。综合相关概念和文献资料，本章选取互联网普及率衡量各地
区互联网发展水平，认为互联网用户数对广交会网络关注度会产生正向影响。

④展览业发展水平。由于数据的可获取性，本章选取展览面积作为衡量我国各地区展览业发展水平的指标，并预期地区展览业发展水平与广交会网络关注度有显著正向影响。

⑤地区人口规模。各地区广交会网络关注度指数体现的是互联网所在地区的用户对广交会的关注程度，根据百度指数的算法，认为地区人口规模是影响广交会网络关注度差异性的重要因素之一。相比之下，人口基数大的地区广交会网络关注度指数会更高。

2. 模型建构

本章所采取的基本模型为：

式（11-5） $Y_{it} = \alpha_i + \beta_1 X_{it} + \beta_2 X_{it} + \beta_3 X_{it} + \beta_4 X_{it} + \beta_5 X_{it} + \beta_6 X_{it} + \mu_{it}$

公式（11-5）中的 $Y_{it}$ 为因变量，$X_{it}$ 为自变量，$i$ 表示第 $i$ 个省份，$t$ 表示年份，参数 $a_i$ 表示面板数据模型的截距项，$B_i$ 是解释变量的系数，$\mu$ 为误差项。

## 11.4.2 实证分析

### 1. 单位根检验

模型中一般几个相互独立的单位根变量可能出现伪相关，为防止时间序列"伪回归"问题，需先对变量进行平稳性检验。本章采用 LLC、IPS、ADF-Fisher、PP-Fisher 检验等 4 种方法对面板数据中所有序列进行单位根检验，结果显示所有变量均通过两种以上的单位根检验，均为平稳序列，可以直接进行回归分析。

### 2. 描述性统计分析

被解释变量和解释变量的描述性统计值如表 11-8 所示，所有变量的观测样本均为 $31 \times 6 = 186$，没有缺失样本。

表 11-8　描述性统计分析结果

| 变量 | 样本数 | 均值 | 标准差 | 最小值 | 最大值 |
|------|--------|------|--------|--------|--------|
| Y | 186 | 46216.22 | 46477.95 | 1317 | 304393 |
| $X_1$ | 186 | 105.4182 | 5.101898 | 95.77 | 150.71 |
| $X_2$ | 186 | 21072.72 | 16604.79 | 605.83 | 80854.91 |
| $X_3$ | 186 | 48469.53 | 22369.98 | 16413 | 118198 |
| $X_4$ | 186 | 46.87796 | 12.46196 | 24.2 | 77.8 |
| $X_5$ | 186 | 327.9224 | 372.8131 | 0 | 1773.78 |
| $X_6$ | 186 | 4385.296 | 2761.061 | 303 | 10999 |

### 3. 相关性分析

Thomas 的研究认为，进行逻辑回归时独立变量相关系数不超过 0.65，则变量之间就不存在共线性问题。本章在回归分析之前对变量进行 Pearson 相关系数检验，检验结果显示，相关系数多在 0.65 以下，说明变量之间不存在严重的多重共线性，可以进行回归分析，结果如表 11-9 所示。

表 11-9 相关性分析结果

|        | Y       | $X_1$   | $X_2$   | $X_3$   | $X_4$   | $X_5$   | $X_6$  |
|--------|---------|---------|---------|---------|---------|---------|--------|
| Y      | 1.0000  |         |         |         |         |         |        |
| $X_1$  | 0.2750* | 1.0000  |         |         |         |         |        |
| $X_2$  | 0.7777* | 0.0260  | 1.0000  |         |         |         |        |
| $X_3$  | 0.4053* | 0.0649  | 0.4398* | 1.0000  |         |         |        |
| $X_4$  | 0.5441* | 0.1894* | 0.3768* | 0.8346* | 1.0000  |         |        |
| $X_5$  | 0.7747* | 0.1126  | 0.7623* | 0.5996* | 0.6161* | 1.0000  |        |
| $X_6$  | 0.5938* | -0.0149 | 0.8307* | -0.0190 | -0.0588 | 0.4861* | 1.0000 |

### 4. F 检验和 Hausman 检验

如表 11-10 所示，F 检验和 Hausman 检验的结果都表明采用固定效应模型更合适。

表 11-10 F 检验和 Hausman 检验结果

| 检验类型 | 统计量 | P 值 | 模型选择结果 |
|--------|-------|------|------------|
| F 检验 | 40.65 | 0.0000 | 个体固定效应模型 |
| Hausman 检验 | 112.21 | 0.0000 | 个体固定效应模型 |

### 5. 假设检验

由于面板数据同时具备了截面数据和时间序列数据的特征，因此针对截面数据中的异方差问题和时间序列的序列相关问题都需要进行检验。

（1）组间异方差检验

假设对每个截面上各个省份的方差都相等。由于 $x^2(31)=3567.25$，$P(X> x^2(31))=0.0000<0.01$，在 1% 的显著性水平上拒绝了不存在截面相关的原假设，即显著地存在截面异方差性。

（2）序列不相关检验·

拒绝了不存在一阶自相关的假定。根据 Wooldridge 自相关检验，可以得到 F（1，

30）=100.860，P（X>F）=0.0000<0.01。由此可见，在1%的显著水平上拒绝了不存在序列一阶自相关的原假设，也就是序列之间存在自相关性。

（3）截面不相关检验假设截面不相关

Pesaran 检验结果显示 Pesaran's test of cross sectional independence=32.729，Pr=0.0000<0.01，从而在1%的显著水平上拒绝原假设，说明截面序列是相关的。

### 6. 回归分析参数估计

为修正固定效应面板模型存在的截面异方差、截面相关和组内自相关问题，本章通过采用可行的广义最小二乘法（FGLS）方法来进行修正，使得结果更加可靠合理。估计结果如表 11-11 所示。由于存在部分变量不是统计显著的，采用逐步回归法得到全都显著的变量。分别剔除不显著的 $X_3$ 和 $X_1$，估计 FGLS 回归模型。采用逐步回归法之后，剩下的变量均在 10% 的显著性水平下均统计显著（见表 11-12）。

表 11-11　回归分析参数估计结果

| Y | Coef. | Std. Err. | z | P>|z| | [95% Conf. | Interval] |
|---|---|---|---|---|---|---|
| $X_1$ | 66.56098 | 126.64 | 0.53 | 0.599 | -181.6489 | |
| $X_2$ | .9661363 | 3645389 | 2.65 | 0.008 | .2516532 | |
| $X_3$ | .0580632 | .1322663 | 0.44 | 0.661 | -. 201174 | .3173004 |
| $X_4$ | 422.9189 | 158.3507 | 2.67 | 0.008 | 112.5572 | |
| $X_5$ | 12.44159 | 5.734381 | 2.17 | 0.030 | 1.202413 | |
| $X_6$ | 1.697022 | 1.499041 | 1.13 | 0.258 | -1.241043 | |
| _cons | -19787.72 | 14649.47 | -1.35 | 0.177 | -48500.17 | |

表 11-12　逐步回归结果

| 变量 | 模型 I | 模型 II | 模型 III |
|---|---|---|---|
| $X_1$ | 66.56（0.53） | 73.63（0.51） | |
| $X_2$ | 0.966***（2.65） | 0.864***（3.21） | 0.947***（3.53） |
| $X_3$ | 0.0581（0.44） | | |
| $X_4$ | 422.9***（2.67） | 561.1***（4.27） | 554.4***（4.27） |
| $X_5$ | 12.44**（2.17） | 14.55**（2.49） | 14.34**（2.52） |
| $X_6$ | 1.697（1.13） | 2.240*（1.92） | 2.060*（1.77） |
| _cons | -19787.7（-1.35） | -24900.1（-1.55） | -17391.2***（-2.77） |
| N | 186 | 186 | 186 |

t statistics in parentheses
* p < 0.1, ** p < 0.05, *** p < 0.01
注：表中 *、**、*** 分别代表 10%、5%、1% 水平下显著

表 11-13　多重共线性检验结果

| Variable | VIF | 1/VIF |
|---|---|---|
| $X_2$ | 18.12 | 0.055187 |
| $X_6$ | 10.90 | 0.091705 |
| $X_5$ | 5.34 | 0.187423 |
| $X_4$ | 3.41 | 0.293057 |
| Mean VIF | 9.44 | |

接着进行多重共线性检验：由于 VIF<10，可见不存在多重共线性（见表 11-13）。最终得到面板模型参数估计结果：

$$Y_{it}=0.947X_2+554.45X_4+14.34X_5+2.06X_6-17391.2+\mu$$

### 11.4.3 实证结果分析

#### 1. 社会人口统计特征

性别这一变量与理论预期并不相符。从性别比对广交会网络关注度的无显著影响来看，在当前信息化、网络高度化发展的时代，网络已逐渐成为人们获取信息的基本手段，这是不分性别的。同时可以推断男性与女性在对广交会网络信息的需求上并不存在显著差异。

#### 2. 地区经济基础

地区经济越发达，国内生产总值越高，其商贸交流更加活跃，进出口贸易也越频繁，自然会对被誉为中国外贸"风向标"的广交会信息愈发关注，广交会网络关注度就越高。东部作为经济相对发达的地区，广交会网络关注度明显高于中部和西部地区。可见，地区经济发展水平是造成广交会网络关注度区域差异性的因素之一。通常来说国内生产总值和人均 GDP 这两个指标都能在一定程度上反映某一地区的经济发展水平，但由于样本间不可避免存在一定的差异性（人口、土地面积等因素的不同），人均 GDP 这个指标所代表的经济发展水平与实际情况可能有差别，故本章中人均 GDP 指标未能通过显著性检验。

#### 3. 互联网发展水平

互联网发展水平对广交会网络关注度有显著的正向作用，为主要影响因素之一。从全国三大区域看，东部地区的经济基础和中部、西部地区相比更发达，网络化程度和互联网普及率高，广交会网络关注度也相对较高。广交会网络关注度指数的规模位序中，东部 11 个地区总体靠前，中部 8 个地区居中，西部 12 个地区排序较靠后。网络化程度、互联网普及率越高，获取网络信息更方便、更快捷，广交会网络关注度越高。因此，信息化、网络发达程度的差异是影响广交会网络关注度差异的因素。

### 4. 展览业发展水平

互联网发展水平对广交会网络关注度有较为显著的正向作用。展览业发展水平高的地区，每年举办的展览会、经贸活动丰富，经济对外交流也更加频繁，企业组团参加广交会的意愿更强烈，对广交会网络信息的需求也就越大。这也在一定程度上表明参展商、专业观众对广交会信息的需求强度。因此，展览业发展水平的差异是影响广交会网络关注度差异的因素之一。

### 5. 地区人口规模

人口数量被纳入回归方程，可见地区人口基数是影响广交会网络关注的重要因素。网络关注度是基于地区居民网络搜索记录所产生的指数数据，广交会关注度的高低与该地人口规模密切相关。本章结果也验证前文关于人口基数越大的省（市、自治区）广交会网络关注度指数也就越大的理论假设。

## 11.5 结论与讨论

### 11.5.1 结论

本章研究结果表明：

（1）全国广交会网络关注度指数 2011—2016 年总体上呈波动态势，且 3—5 月、9—11 月波动明显，差异显著。其中，4 月、10 月广交会网络关注度最高，3 月、5 月、9 月和 11 月关注度也较高。同时发现，每年广交会网络关注度 3 月份比 5 月份高、9 月份比 11 月份高，近似于左偏分布，说明广交会网络关注度指数具有较为明显的"前兆效应"，部分程度上佐证李山等人提出的"前兆效应"假设。研究还发现，每年广交会网络关注度存在季节性差异，越接近广交会举办期间，广交会网络关注度越高，时间集中度差异越明显，客流"井喷"现象较为显著，同时在广交会举办期间，网络关注度偏向广交会举办的前期。

（2）全国各地区广交会网络关注度指数具有显著差异。呈现出东部—中部—西部地区依次减少态势。各地区广交会网络关注度中,广东、浙江、江苏、山东、北京、上海、福建、河北、河南和湖北的位序较靠前,内蒙古、海南、新疆、宁夏、青海、西藏位序较靠后,个别地区波动显著。2011—2016 年各地区之间差异较大,且存在缓慢减少态势。各地区广交会网络关注度较为分散,关注度的聚集程度低。

(3)广交会网络关注度空间分布基本符合胡焕庸线分布特征,三大区域间呈现出东部 > 中部 > 西部的趋势。东部、中部、西部三个地区广交会网络关注度指数存在差异,且整体上差异缓慢减少。此外,广交会网络关注度未呈现出由近及远的随距离连续性规律衰减形态,存在比较明显的"时空压缩"效应,表明地理空间的差异已经不是影响广交会网络关注度的主要因素,可以预见未来随着广交会电子商务平台的不断发展,地理距离的作用将得到进一步削弱。

(4)互联网发展水平、地区经济基础、展览业发展水平和地区人口规模等是影响广交会网络关注度区域差异性的重要因素。地区经济基础、展览业发展水平和互联网普及率的差异越大,广交会网络关注度的地区差异也越明显。

## 11.5.2 讨论

目前,已陆续出现有关旅游网络关注度时空分布及其影响因素的研究,但以特定展览会为案例地进行多年时间尺度网络关注度的研究却比较少见。在时空分布方面,本章部分佐证李山等人提出的"前兆效应",同时发现在广交会举办期间,网络关注度偏向广交会举办的前期;在影响因素方面,本章在前人的研究基础上,发现互联网发展水平、地区经济基础、展览业发展水平和地区人口规模对广交会网络关注度有显著正向影响,空间距离虽一定程度上负向影响网络关注度,但作用在逐渐减弱,同时否定了性别差异对广交会网络关注度的影响假设。另外,与以往大多数学者使用单一年度的网络关注度数据进行研究有所不同,本章选取 2011—2016 年逐日广交会网络关注度作为研究数据,相对较长的时间尺度(6 年)和较细的时间数据单位(日数据)有利于更全面更好地揭示研究广交会网络关注度时空分布的客观规律,同时,采用 Stata14.0 软件,通过单位根检验、F 检验、Hausman 检验等方法逐步确定面板数据模型类型,在此基础上进行广交会网络关注度影响因素的面板回归分析,最大限度保证研究结论的客观性和科学性。

本章也存在一定局限:首先,以百度搜索"广交会"作为关键词,具有一定的代表性,但能否真正覆盖大多数互联网用户对于广交会网络关注度还有待确定，未来的研究需要对此进一步优化和完善；其次，本章利用百度指数衡量网络关注度，而互联网用户在搜索广交会网络信息时，可能并不局限于百度搜索引擎，因此后续研究还需进一步扩大数据收集来源。此外，本章缺少广交会网络关注度和参展行为的拟合分析，与现实关联可以更紧密。

基于本章的局限，未来进一步的研究应注意的是： 第一，6 年的时间跨度还较短，今后可选取近 10 年的数据研究广交会网络关注度的时空演变特征。第二，未来将广交会网络关注度与参展行为进行拟合分析，加入现实客流量进行对比验证及市场预测。第三，影响广交会网络关注度时空分布的因素较多，除本章探讨过的因素之外，还有哪些影响因素，需进一步加以论证和分析。

# 参考文献

安万青，2007. 展览空间艺术氛围的营造 [J]. 艺术广角，21(4)：57—58.

白凯，孙天宇，谢雪梅，2008. 旅游目的地形象的符号隐喻关联研究——以陕西省为例. 资源科学，30(8)：1184—1190.

白凯，2012. 自我叙事式解读回族宗教活动空间的意义 [J]. 地理学报，67(12)：1698—1715.

保继刚，楚义芳，1999. 旅游地理学（修订版）[M]. 北京：高等教育出版社.

保继刚，甘萌雨，2004. 改革开放以来中国城市旅游目的地地位变化及因素分析 [J]. 地理科学，24(3)：365—370.

边国英，2008. 建构扎根理论：质性研究实践指南 [M]. 重庆：重庆大学出版社，121—125.

蔡曙山，2006. 再论哲学的语言转向及其意义——兼论从分析哲学到语言哲学的发展 [J]. 学术界，(4)：20—39.

曹静晨，2013. 我国政府主导型展会运作模式研究 [D]. 哈尔滨：哈尔滨商业大学.

陈岗，2012. 旅游吸引物符号的双层表意结构与体验真实性研究 [J]. 人文地理，27(2)：50—55.

陈来仪，郑祥福，2015. 对当代城市空间冲突的理性思考 [J]. 浙江社会科学，(6)：76—81.

陈如霞，2010. 论民族文化与旅游业发展的关系 [J]. 贵州民族研究，31(2)：86—89.

陈涛，林杰，2013. 基于搜索引擎关注度的网络舆情时空演化比较分析——以谷歌趋势和百度指数比较为例 [J]. 情报杂志，32(3)：7—10.

陈向明，2015. 扎根理论在中国教育研究中的运用探索 [J]. 北京大学教育评论，13(1)：2—15.

陈晓，刘小鹏，王鹏，孔福星，2018. 旱区生态移民空间冲突的生态风险研究——以宁夏红寺堡区为例 [J]. 人文地理，33(5)：106—113.

陈晔，张辉，董蒙露，2017. 同行者关乎己？游客间互动对主观幸福感的影响 [J]. 旅游学刊，32(8)：14—24.

陈奕滨，2012. 旅游发展与少数民族职业女性的身份认同——以云南昆明、丽江高尔夫女球童为例 [J]. 广西民族大学学报（哲学社会科学版），(2)：127—130.

程建林，艾春玲，2008. 会展经济发展、会展城市竞争力与城市功能提升 [J]. 城市规划，32(10)：15—20.

程进，2013. 我国生态脆弱民族地区空间冲突及治理机制研究 [D]. 上海：华东师范大学.

程钰婷，李悦铮，江海旭，2017. 主题公园旅游地网络关注度时空特征及影响因素研究——以长隆欢乐世界为例 [J]. 云南地理环境研究，29(4)：65—71.

崔庆明，徐红罡，杨杨，2014. 世俗的朝圣：西藏旅游体验研究 [J]. 旅游学刊，29(2)：110—117.

崔庆明，徐红罡，2012. 野象的迷思：野象谷人—象冲突的社会建构分析 [J]. 旅游学刊，27(5)：49—56.

笪凤媛，张卫东，2010. 交易费用的含义及测度：研究综述和展望 [J]. 制度经济学研究，8(1)：225—241.

戴光全，保继刚，2003. 西方事件及事件旅游研究的概念、内容、方法与启发（上）[J]. 旅游学刊，18(5)：26—34.

戴光全，雷嫚嫚，谭健萍，2012. 因特网视角下中国节事活动的特征及产业化 [J]. 云南师范大学学报（哲学社会科学版），44(3)：47—56.

戴光全，梁春鼎，陈欣，2012. 基于扎根理论的节事场所与会展场馆场所依赖差异——以 2011 西安世界园艺博览会园区和琶洲国际会展中心为例 [J]. 地理研究，31(9)：1707—1721.

戴光全，张骁鸣，2006. 从 TPC 谈会展产品和管理的属性 [J]. 中国会展，(21)：64—65.

戴光全，张骁鸣，2011. 节事旅游概论 [M]. 北京：中国人民大学出版社.

戴光全，左平，雷嫚嫚，等，2012. 广交会参展商的空间分异研究——基于第 109 届参展商的分析 [J]. 热带地理，32(1)：72—78.

戴光全，左平，肖璐，2012. 1995 至 2010 年中外节事研究的比较和启示 [J]. 人文地理，27(2)：17—25.

戴卫·哈维，2003. 后现代的状况：对文化变迁之缘起的探究 [M]. 阎嘉译. 北京：商务印书馆.

邓峰，林德荣，2014. 基于 IPA 分析法的湖南会展旅游业竞争力评价研究 [J]. 湖南社会科学，(3)：150—152.

丁镭，方雪娟，董鸿安，2018. 影视城旅游目的地网络关注度时空分布及影响因素——以浙江横店为例 [J]. 云南地理环境研究，30(2)：9—17.

丁鑫，汪京强，李勇泉，2018. 基于百度指数的旅游目的地网络关注度时空特征与影响因素研究——以厦门市为例 [J]. 资源开发与市场，34(5)：709—714.

丁雨莲，陆林，黄亮，2006. 文化休闲旅游符号的思考——以丽江大研古城和徽州古村落为例 [J]. 旅游学刊，21(7)：12—16.

丁在屏，2016. 基于触媒理论的青岛市民俗节事空间研究 [D]. 青岛：青岛理工大学.

董琳，2013. 厦门海洋保护区与渔业生产空间冲突及其对策 [J]. 渔业信息与战略，28(1)：6—13.

董培海，李伟，2013. 旅游、现代性与怀旧——旅游社会学的理论探索 [J]. 旅游学刊，28(4)：111—120.

杜芳娟，陈晓亮，朱竑，2011. 民族文化重构实践中的身份与地方认同——仡佬族祭祖活动案例 [J]. 地理科学，31(12)：1512—1517.

范文强，张书鸿，2012. 探析空间的灵活性在展览空间中的应用 [J]. 艺术与设计（理论），10(7)：78—80.

方创琳，刘海燕，2007. 快速城市化进程中的区域剥夺行为与调控路径 [J]. 地理学报，62(8)：849—860.

冯娜，李君轶，张高军，2013. 基于因特网的重大事件旅游客流前兆效应研究——以西安世园会为例 [J]. 河南科学，31(2)：244—245.

高燕，郑焱，2010. 凤凰古城景观真实性感知比较研究——基于居民和旅游者视角 [J]. 旅游学刊，25(12)：44—52.

龚雨玲，2011. 情绪与认知关系的研究综述 [J]. 求索，30(2)：115—117.

辜应康，楼嘉军，唐秀丽，2005. 节事旅游市场化运作研究——以上海旅游节为例 [J]. 北京第二外国语学院学报，27(3)：105—110.

郭英，2005. 民族旅游宣传中的话语和权力问题 [D]. 大连：东北财经大学.

郭玉霞，刘世闵，王为国，等，2009. 质性研究资料分析：NVIvo8 活用宝典 [M]. 台北：高等教育文化事业有限公司.

韩晓玲，2014. 广东温泉目的地旅游市场营销策略研究——基于网络关注度的分析 [D]. 广州：暨南大学.

何李，2007. 市辖区边界区域空间冲突的治理难题与改革方略 [J]. 社会主义研究，(1)：105—111.

何小芊，刘宇，吴发明，2017. 基于百度指数的温泉旅游网络关注度时空特征研究 [J]. 地域研究与开发，36(1)：103—108.

胡国梁，刘超，2011. 走向语义化的展览空间设计——以上海"世博"丹麦馆、中国馆为例 [J]. 装饰，54(9)：80—81.

胡华芳，2011.《人民日报》和《纽约时报》中北京奥运相关新闻的批评性分析 [D]. 上海：上海外国语大学.

胡焕庸，1935. 中国人口之分布——附统计表与密度图 [J]. 地理学报，2(2)：33—74.

胡平，2008. 基于展馆视角的我国会展区域竞争力差异分析 [J]. 商业经济与管理，(3)：64 68.

胡平，2009. 基于钻石理论的会展业竞争力评价及其提升对策研究——以上海为例 [J]. 旅游论坛，2(1)：114—119.

胡晔，张灿辉，2011. 场景于展览空间的意义 [J]. 山西建筑，37(20)：29—30.

胡正凡，林玉莲，2012. 环境心理学（第三版）[M]. 武汉：华中科技大学出版社，185—190.

黄耿志，薛德升，2011.1990 年以来广州市摊贩空间政治的规训机制 [J]. 地理学报，66(8)：1063—1075.

黄希庭, 游旭群, 2003. 旅游心理学 (第一版). 上海：华东师大学出版社, 227—236.

黄先开, 张翔峰, 丁于思, 2013. 百度指数与旅游景区游客量的关系及预测研究——以北京故宫为例 [J]. 旅游学刊, 28(11):93—100.

黄晓星, 2012. "上下分合轨迹"：社区空间的生产——关于南苑肿瘤医院的抗争故事 [J]. 社会学研究, 27(1):199—220.

黄秀波, 2018. 生存的政治：民族旅游发展中社区居民的空间争夺与利益博弈 [J]. 湖北民族学院学报 (哲学社会科学版), 36(6):29—34.

黄英, 周智, 黄娟, 2014. 大数据时代乡村旅游发展的时空分异特征 [J]. 浙江农业学报, 26(6):1709—1714.

吉登斯 (GiddensA). 2011. 现代性的后果 [M]. 田禾译. 南京：译林出版社.

姜克银, 2012. 纳家户多元叙事的意义研究 [D]. 杭州：浙江大学.

蒋斌, 蒲蕾, 2009. 论旅游的社会功能与实质：现代性危机的应对方式 [J]. 湖北社会科学, (9):51—54.

蒋美华, 李翌萱, 2013. 网络信息关注行为的性别差异分析 [J]. 山西师范大学学报 (社会科学版), 40(5):141—144.

蒋婷, 胡正明, 2011. 服务接触中游客间互动行为研究——基于关键事件技术的方法 [J]. 旅游学刊 26(5):77—83.

蒋婷, 张峰, 2013. 游客间互动对再惠顾意愿的影响研究——基于游客体验的视角 [J]. 旅游学刊, 28(7):90—100.

蒋婷, 2011. 服务业顾客间互动的影响要素及影响力探析 [J]. 企业活力, 27(7):26—30.

蒋婷, 2012. 顾客间互动的质性探索和理论模型构建——以高星级饭店为例 [J]. 旅游论坛, 18(2):6—11.

蒋婷, 2014. 基于员工体验的游客间互动行为的质性研究 [J]. 河南社会科学, 22(3):84—89.

蒋志辉, 周兆雄, 2011. 建构主义的意义建构本质解析 [J]. 高等函授学报 (自然科学版), (3):24—26.

杰西卡·安德森·特纳, 2004. 旅游景点的文化表演之研究 [J]. 杨丽慧译. 人文讲坛, (1):6—11, 17.

金相郁, 2004. 20 世纪区位理论的五个发展阶段及其评述 [J]. 经济地理, 24(3):294—298.

景奉杰, 赵建彬, 余樱, 2013. 顾客间互动—情绪—购后满意关系分析——基于在线品牌社群视角 [J]. 中国流通经济, 27(9):86—93.

兰德尔·科林斯, 2009. 互动仪式链 [M]. 林聚任, 王鹏, 宋丽君译. 北京：商务印书馆.

黎建新, 甘碧群, 2006. 服务企业的顾客兼容性管理探讨 [J]. 消费经济, 22(3):47—51.

黎建新, 唐君, 蔡恒, 宋明菁, 2009. 服务接触中的顾客兼容性感知：前因、后果与行业比较 [J]. 长沙理工大学学报 (社会科学版), 24(4):5—10.

李靖, 2014. 印象"泼水节"：交织于国家、地方、民间仪式中的少数民族节庆旅游 [J]. 民俗研究, (1):45—57.

李力, 余构雄, 2009. 珠江三角洲和香港展览业区域竞争力比较 [J]. 国际经贸探索, 25(12):51—56.

李淼, 谢彦君, 2012. 以博客为舞台：后旅游体验行为的建构性诠释 [J]. 旅游科学, 26(6):21—31.

李鹏, 保继刚, 2010. 国家名义之下的旅游资源垄断与产权困境——以从化温泉风景区为例 [J]. 地理科学, 30(5):710—715.

李平华, 陆玉麒, 于波, 2005. 长江三角洲区域关系的博弈分析 [J]. 人文地理, 20(5):30—33.

李如璋, 马金祥, 2011. 商业展览空间中色彩与材料倾向性研究——"品牌"展示空间的色彩、材料倾向性分析提案 [J]. 东北农业大学学报 (社会科学版), 9(4):112—115.

李山, 邱荣旭, 陈玲, 2008. 基于百度指数的旅游景区网络空间关注度：时间分布及其前兆效应 [J]. 地理与地理信息科学, 24(6):102—107.

李世霞，田至美，2014. 基于百度指数的旅游目的地网络关注度影响因素分析——以青岛为例 [J]. 首都师范大学学报：自然科学版，35(1)：56—59.

李霞，曲洪建. 2016. 邮轮旅游网络关注度的时空特征和影响因素——基于百度指数的研究 [J]. 统计与信息论坛，31(4)：101—106.

李祥妹，刘亚洲，曹丽萍，2014. 高速铁路建设对人口流动空间的影响研究 [J]. 中国人口·资源与环境，24(6)：140—147.

李彦，2016. 城市公共空间的使用行为、空间冲突与治理研究 [D]. 西安：西安外国语大学.

李艳萍，葛幼松，2005. 基于生态位理论探析江苏省沿江城市发展 [J]. 河北师范大学学报（自然科学版），(11)：631—636.

李长晏，2010. 地方治理发展与空间冲突管理——以高雄潮寮大发工业区空气污染事件为例 [J]. 中国地方自治，63(2)：35—60.

李志雄，何昊，2007. 顾客间交互质量管理与控制 [J]. 财会通讯（学术版），5(3)：127—129.

李志勇，贺立龙，蒯文婧，2012 大中华的会议展览业前景与展望地区合作的视角 [J]. 学术论坛，(12)：152—155.

梁志峰，2010. 基于 Google 趋势分析的区域网络关注度研究——以湘潭为例 [J]. 湖南科技大学学报，13(5)：41—48.

林耿，2010. 广东省就业空间的性别化及权力特征 [J]. 地理学报，65(4)：427—442.

林耿，2011. 地理区位与权力——以广州市 X 市场为例 [J]. 地理研究，30(9)：1577—1591.

林海芬，苏敬勤，2013. 基于不同组织情境的意义建构研究评述 [J]. 管理学报，(11)：1710—1716.

林素峰，2005. 维特根斯坦前后期"意义观"之比较 [D]. 北京：中国人民大学.

林炜铃，邹永广，郑向敏，2014. 旅游安全网络关注度区域差异研究——基于中国 31 个省市区旅游安全的百度指数 [J]. 人文地理，29(6)：154—160.

林志慧，马耀峰，刘宪锋，2012. 旅游景区网络关注度时空分布特征分析 [J]. 资源科学，34(12)：2427—2433.

刘丹萍，2007. 旅游凝视：从福柯到厄里 [J]. 旅游学刊：22(6)：91—95.

刘丹青，2008. "体验"与"表演"：旅游者的文化表达 [J]. 中南林业科技大学学（社会科学版），(3)：38—40.

刘精明，李路路，2005. 阶层化：居住空间、生活方式、社会交往与阶层认同——我国城镇社会阶层化问题的实证研究 [J]. 社会学研究，20(3)：52—81.

刘铭秋，2017. 城市更新中的空间冲突及其化解 [J]. 城市发展研究，24(10)：48—53，78.

刘容，于洪彦，2017. 在线品牌社区顾客间互动对顾客愉悦体验的影响 [J]. 管理科学，30(6)：130—141.

刘松萍，蔡伊乐，湛冬燕，2015. 广州会展业发展的现状与对策研究 [J]. 城市观察，(3)：36—45.

刘耀林，张扬，张琰，刘以，王好峰，刘艳芳，2018. 特大城市"三线冲突"空间格局及影响因素 [J]. 地理科学进展，37(12)：1672—1681.

刘羽思，邹越，2011. 城市会展建筑的展览空间结构语言创作 [J]. 北京建筑工程学院学报，27(1)：35—40.

刘云刚，2009. 中国政治地理学研究展望 [J]. 人文地理，24(2)：12—16.

刘志平，陈静，2015. 评价理论视角下保定市旅游宣传材料中人际意义的研究 [J]. 保定学院学报，(1)：125—129.

龙茂兴，孙根年，龙珍付，2013. 遵义红色旅游网络关注度的客流响应研究 [J]. 地理与地理信息科学，29(5)：98—101.

龙茂兴，孙根年，马丽君，等，2011. 区域旅游网络关注度与客流量时空动态比较分析——以四川为例 [J]. 地域研究与开发，30(3)：93—97.

卢东，S.Powpaka，李雁晨，2009. 基于意义建构理论的企业社会责任沟通策略研究综述 [J]. 外国经济与管理，(6):18—24.

卢晓，2012. 上海会展产业集群竞争力研究 [J]. 学术论坛，(5):135—139.

罗秋菊，保继刚，2007. 参展商参展目的、绩效评估及其相关关系研究——以东莞展览会为例 [J]. 旅游科学，21(5):57—65.

骆玲，史敦友，2015. 单中心城市群产业分工的演化规律与实证研究——以长三角城市群与珠三角城市群为例 [J]. 南方经济，(3):120—128.

马丹驯，李满春，金晓龙，等，2018. 面向土地利用总体规划的建设用地空间管制潜在冲突检测 [J]. 水土保持通报，38(6):2，298—303，385.

马芳雅，2015. 社会符号学视角下里约奥运会会徽的多模态话语分析 [J]. 青年文学家，(2Z):118—119.

马丽君，孙根年，黄芸玛，等，2011. 城市国内客流量与游客网络关注度时空相关分析 [J]. 经济地理，31(4):680—685.

马丽君，孙根年，杨睿，等，2011. 城市气候舒适度与游客网络关注度时空相关分析 [J]. 地理科学进展，30(6):753—759.

马凌，朱竑，2015. 旅游研究中建构主义方法论的合法性基础及其方法应用——兼议旅游世界的本质 [J]. 旅游学刊，30(7):100—107.

马凌，2007. 本真性理论在旅游研究中的应用 [J]. 旅游学刊，22(10):76—81.

马凌，2010. 节庆旅游中的阈限体验：日常世界与旅游世界——以西双版纳傣族泼水节为例 [J]. 学术研究，(11):94—99，126.

马鹏，张威，2017. 游客互动、体验价值、主观幸福感关系研究——一个民宿旅居者视角的实证检验 [J]. 消费经济，33(5):83—90.

马学广，唐承辉，贾朝祥，2017. 青岛市海岸地带空间冲突及其治理研究 [J]. 青岛科技大学学报（社会科学版），33(3):13—20.

马学广，王爱民，闫小培，2010. 城市空间重构进程中的土地利用冲突研究——以广州市为例 [J]. 人文地理，25(3):72—77.

马勇，陈慧英，2013. 基于 AHP 中国城市会展业竞争力综合评价指标体系构建研究 [J]. 旅游研究，5(1):1—6.

迈克尔·波特，2002. 国家竞争优势 [M]. 邱如美，李明轩译. 北京：华夏出版社，66—122.

梅志雄，徐颂军，欧阳军，等，2012. 近 20 年珠三角城市群城市空间相互作用时空演变 [J]. 地理科学，32(6):694—701.

孟昭兰，2005. 情绪心理学 [M]. 北京：北京大学出版社，95—104.

米歇尔·福柯，1999. 规训与惩罚：监狱的诞生 [M]. 刘北成，杨远婴译. 北京：生活读书新知三联书店.

米歇尔·福柯，2001. 临床医学的诞生 [M]. 刘北成译. 南京：译林出版社.

米歇尔·福柯，2003. 疯癫与文明 [M]. 刘北成，杨远婴译. 北京：生活读书新知三联书店.

莫光辉，2012. 少数民族传统节庆开发与区域产业联动机制建构——以广西三江侗族多耶节为例 [J]. 广西民族研究，109(3):161—166.

欧文·戈夫曼（ErvingGoffman），1989. 日常生活中的自我呈现 [M]. 黄爱华，冯钢译. 杭州：浙江人民出版社.

潘丽丽，户文月，2015. 基于百度指数旅游景区假期网络关注度特征研究——以西湖风景区为例 [J]. 北京第二外国语学院学报，36(9):67—74.

潘文焰，2015. 基于"人口—产业"视角的节事资源旅游产业化开发路径研究 [J]. 旅游科学，29(2):86—95.

彭丹，2008. "旅游人"的符号学分析 [J]. 旅游科学，(4):23—27.

彭丹，2013. 旅游体验研究新视角：旅游者互动的社会关系研究[J]. 旅游学刊，28(10)：89—96.

彭佳捷，2011. 基于生态安全的长株潭城市群空间冲突测度研究[D]. 长沙：湖南师范大学.

漆多俊，2014. 论权力[J]. 法学研究，61(1)：18—32.

邱琪，郑秋莹，姚唐，2015. 顾客间互动影响服务品牌象征价值的心理机制[J]. 心理科学进展，23(6)：937—945.

饶品样，李树民，2008. 产权边界、层次差异与旅游用地资源配置效率[J]. 旅游学刊，23(11)：42—47.

阮文奇，郑向敏，李勇泉，等，2018. 中国入境旅游的"胡焕庸线"空间分布特征及驱动机理研究[J]. 经济地理，38(3)：181—189.

尚玉钒，2010. 基于意义给赋的领导沟通过程对员工激励的作用机理研究[J]. 管理学家（学术版），(10)：44—51.

沈学君，2013. 西方社会科学研究中的新领域：空间政治[J]. 福建论坛（人文社会科学版），33(10)：91—96.

石林，2000. 情绪研究中的若干问题综述[J]. 心理学动态，8(1)：63—68.

施特劳斯(StraussA)，CorbinJ，1997. 质性研究概论[M]. 徐宗国译. 台北：巨流图书公司.

宋振春，陈方英，2008. 两种类型旅游节事居民感知的比较研究——对泰安泰山国际登山节和东岳庙会的问卷调查[J]. 旅游学刊，23(12)：63—68.

随莉莉，2012. 中层管理者的意义生成与意义给赋过程及其对变革结果的影响研究——基于兖矿国泰化工有限公司的案例分析[D]. 大连：东北财经大学.

孙宝文，褚天舒，赵宣凯，2018. 跨境电商模式下地理距离对中国国际贸易影响的实证研究[J]. 新金融，29(3)：33—44.

孙瑾瑾，李勇泉，2018. 中国旅游安全网络关注度的影响因素分析——基于中国省际面板数据的实证检验[J]. 资源开发与市场，34(5)：693—697.

孙九霞，黄秀波，2017. 民族旅游地社区参与中的空间协商与利益博弈——以丽江白沙村为例[J]. 广西民族大学学报（哲学社会科学版），39(2)：40—48.

孙九霞，周一，2014. 日常生活视野中的旅游社区空间再生产研究——基于列斐伏尔与德塞图的理论视角[J]. 地理学报，69(10)：1575—1589.

孙玲，林辰，2013. 基于逐步回归分析的上海会展业竞争力评价研究[J]. 旅游研究，5(4)：65—71.

孙伟宇，2014. 中国工业旅游网络关注度研究[D]. 上海：上海师范大学.

孙烨，张宏磊，刘培学，张捷，2017. 基于旅游者网络关注度的旅游景区日游客量预测研究——以不同客户端百度指数为例[J]. 人文地理，32(3)：152—160.

谭路乔，2015. "反现代性话语"——对我国旅行游记类畅销书的文本分析[D]. 昆明：云南大学.

谭晓兰，毛艳华，2008. 成渝会展经济合作双赢的实证研究[J]. 经济地理，28(5)：771—775.

谭跃进，2003. 定量分析方法[M]. 北京：中国人民大学出版社，140—147.

唐雪琼，钱俊希，陈岚雪，2011. 旅游影响少数民族节日的文化适应与重构——基于哈尼族长街宴演变的分析[J]. 地理研究，30(5)：835—844.

涂玮，黄震方，方叶林，2013. 旅游地旅游产品网络团购营销空间特征研究——以拉手网、窝窝团、糯米网三大团购网站为例[J]. 南京师大学报（自然科学版），36(2)：126—131.

涂玮，金丽娇，2012. 基于网络信息关注度的大学生旅游消费决策研究[J]. 北京第二外国语学院学报，33(1)：63—70.

万建中，2006. 狂欢：节日饮食与节日信仰[J]. 新视野，(5)：1—4.

汪清蓉，余构雄，2008. 区域旅游城市生态位测评及竞合模式研究——以珠江三角洲为例[J]. 旅游学刊，23(3)：50—56.

汪秋菊，黄明，刘宇，2015. 城市旅游客流量—网络关注空间分布特征与耦合分析[J]. 地理与地理信息科学，31(5)：102—106.

王大明，林娟如，2010. 从台湾观光客观点探讨观光客与居民之冲突 [J]. 观光旅游研究学刊，(2)：97—124.

王方良，2004. 产品的意义阐释及语意构建 [D]. 南京：东南大学.

王丰龙，刘云刚，2011. 空间的生产研究综述与展望 [J]. 人文地理，26(2)：13—30.

王丰龙，刘云刚，2013. 空间生产再考：从哈维到福柯 [J]. 地理科学，33(11)：1293—1301.

王刚，董观志，赵晋良，2008. 基于生态位的主题公园竞争格局研究：以珠三角为例 [J]. 旅游学刊，23(12)：45—51.

王海鸿，李田，杜茎深，2009. 我国农村土地调整中的冲突研究——基于社会燃烧理论视角 [J]. 安徽农业科学，37(34)：17148—17150，17154.

王杰文，2014. "表演性"和"表演研究"的范式转型 [J]. 世界民族，(6)：41—50.

王宁，1999. 旅游、现代性与"好恶交织"——旅游社会学的理论探索 [J]. 社会学研究，(6)：93—102.

王宁，2009. 从苦行者社会到消费者社会 [M]. 北京：社会科学文献出版社.

王群勇，2008.STATA 使用指南与应用案例 [M]. 北京：中国财政经济出版社.

王赛兰，杨振之，2015. 面向大数据的旅游微观数据信息平台研究 [J]. 四川师范大学学报（社会科学版），42(1)：54—61.

王淑华，2005. 旅游度假区中的线形游憩空间设计研究 [D]. 武汉：华中农业大学.

王术，2015. 基于百度指数核心期刊影响后效应的分析 [J]. 中国科技期刊研究，26(1)：82—85.

王硕，曾克峰，童洁，等，2013. 黄金周风景名胜区旅游客流量与网络关注度相关性分析——以庐山、华山、八达岭长城风景名胜区为例 [J]. 经济地理，33(11)：182—186.

王晓敏，戴光全，2013. 旅游节事的"全球地域化" [J]. 旅游学刊，28(6)：11—12.

王晓敏，2018. 展览服务资源分类、整合及服务质量评价：基于服务主导逻辑 [M]. 北京：社会科学文献出版社.

王晓云，杨昇，姜鹏鹏，2007. 企业参与节事旅游活动研究——以上海旅游节为例 [J]. 旅游学刊，22(7)：47—51.

王秀丽，魏玮，2015. 居民有限关注与房地产泡沫——以百度指数为关注度的总体经验模式分解 [J]. 商业研究，58(3)：79—83.

王院成，马信强，2011. 论旅游节庆的原旨及其回归——以洛阳牡丹花会为例 [J]. 三峡论坛（三峡文学•理论版），(2)：68—72.

王兆峰，2012. 民族文化产业与旅游业耦合发展研究——以湖南湘西为例 [J]. 中央民族大学学报（哲学社会科学版），39(6)：31—37.

韦婷婷，2009. 民俗旅游冲击下的少数民族节日庆典——以广西融水苗族自治县苗族坡会为例 [J]. 广西社会科学，30(5)：8—10.

魏雷，钱俊希，朱竑，2015. 谁的真实性？——泸沽湖的旅游凝视与本土认同 [J]. 旅游学刊，30(8)：66—76.

魏雷，朱竑，唐雪琼，2011. 与女游客婚恋关系下的摩梭男性文化身份建构 [J]. 地理研究，30(11)：2017—2029.

魏伟，2011. "酷儿"视角下的城市性和空间政治 [J]. 人文地理，26(1)：50—55.

文军，蒋逸民，2010. 质性研究概论 [M]. 北京：北京大学出版社，177—178.

吴芙蓉，2011. 民俗旅游语境中的民族节日表演艺术——以大理白族节日表演艺术为例 [J]. 云南社会科学：(6)：81—84.

吴国清，2010. 大型节事对城市旅游空间发展的影响机理 [J]. 人文地理，25(5)：137—141.

吴开军，2011. 会展业和旅游业合作动因——基于战略联盟视角的分析 [J]. 旅游学刊，26(4)：73—81.

吴开军，2013. 会展企业和旅游企业竞合联盟伙伴选择——基于粤港澳跨区域会展旅游企业的实证分析 [J]. 经济管理，34(4)：133—140.

吴其付，2011. 民族旅游文献中的文化认同研究［J］. 广西民族研究，103（1）:191—198.

吴炆佳，钱俊希，朱竑，2015. 商品化民族节日中表演者的角色认同与管理——以西双版纳傣族园泼水节为例［J］. 旅游学刊，30（5）:55—64.

吴武忠，方彦博，吕谦，等，2010. 传统聚落保存与观光游憩冲突之研究［J］. 运动休闲餐旅研究，5:1—21.

吴忠才，2002. 旅游活动中文化的真实性与表演性研究［J］. 旅游科学，（2）:15—18.

肖轶楠，张希华，李玺，2012. 珠三角城市群会展业区域合作机制研究［J］. 经济体制改革，（1）:57—60.

萧放，2005. 传统节日：一宗重大的民族文化遗产［J］. 北京师范大学学报（社会科学版），199（5）:50—56.

谢俊，2012. 展览建筑室内交通空间设计研究［D］. 长沙：中南大学.

谢晓如，封丹，朱竑，2014. 对文化微空间的感知与认同研究——以广州太古汇方所文化书店为例［J］. 地理学报，69（2）:184—198.

邢慧臻，任培红，2014. 解析海报的图文互动意义及符际互补关系——以洛阳牡丹文化节一幅海报为例［J］. 鸡西大学学报，14（2）:139—140.

邢慧臻，2013. 会徽意义构建的多模态话语分析——以第30届中国洛阳牡丹文化节会徽为例［J］. 湖北广播电视大学学报，33（1）:82—83.

熊丽芳，2013. 基于百度指数的长三角核心区城市网络特征研究［J］. 经济地理，33（7）:67—73.

徐赣丽，2006. 民俗旅游的表演化倾向及其影响［J］. 民俗研究，（3）:57—66.

徐文翔，2013. 微博的后现代生存解读［D］. 济南：山东师范大学.

徐鑫亮，于泽卉，孟蕊，2018. 新媒体环境下消费者互动、品牌情感与购买行为——基于互动仪式链理论的分析［J］. 商业研究，40（7）:24—32.

徐颖，2004. 西方经济学的产权理论［J］. 中国特色社会主义研究，26（4）:40—44.

徐勇，杨华，2013. 试论社会构建主义、解释主义和定性研究的关系［J］. 中山大学学报（社会科学版），53（2）:163—168.

徐宗国，1997. 质性研究概论［M］. 台北：巨流图书公司，213—220.

许远理，郭德俊，2004. 情绪与认知关系研究发展概况［J］. 心理科学，27（1）:241—243.

闫静，李树民，2015. 基于扎根理论的顾客间互动影响因素研究——以团队游客为例［J］. 西北大学学报（哲学社会科学版），45（6）:131—136.

颜麒，张邱汉琴，杨韫，2011. 旅游节庆节目编排质量的探索研究与实例验证［J］. 旅游学刊，26（2）:82—88.

颜醒华，俞舒君，2007. 会展城市竞争力模糊层次关系评价［J］. 城市问题，（3）:75—79.

阳晓伟，杨春学，2019. "公地悲剧"与"反公地悲剧"的比较研究［J］. 浙江社会科学，35（3）:4—13.

杨念群，2006. 再造病人——中西医冲突下的空间政治（1832—1985）［M］. 北京：中国人民大学出版社.

杨瑞，2017. 基于关键事件法的虚拟品牌社群顾客间互动行为研究［J］. 软科学，31（3）:120—124.

杨昇，王晓云，冯学钢，2009. 近十年国内外民族旅游研究综述［J］. 广西民族研究，（9）:27—32.

杨小彦，张秋要，路紫，等，2010. 旅游网站信息流距离衰减形态描述与集中度计算［J］. 地理与地理信息科学，26（6）:88—91.

杨秀会，庞秀平，马书刚，2013. 河北省区域网络关注度研究［J］. 河北经贸大学学报，13（2）:98—102.

姚华松，许学强，薛德升，2010. 人文地理学研究中对空间的再认识［J］. 人文地理，25（2）:8—12.

姚士谋，陈振光，朱英明，等，2006. 中国城市群［M］. 合肥：中国科学技术大学出版社，7—10.

叶超，柴彦威，张小林，2011. "空间的生产"理论、研究进展及其对中国城市研究的启示［J］. 经济地理，31（3）:409—413.

叶超，谢瑜莺，2015. 权力的空间意象 ——《癌症楼》的新文化地理解读 [J]. 地理科学，35(12)：1585—1590.

叶岱夫，2004. 空间稀缺理论与城市管理 [J]. 上海城市管理，13(5)：50—53.

衣俊卿，2006. 论微观政治哲学的研究范式 [J]. 中国社会科学，27(6)：23—28.

殷杰，郑向敏，董斌彬，2015. 基于 VECM 模型的景区网络关注度与旅游人数的关系研究——以鼓浪屿为例 [J]. 福建农林大学学报（哲学社会科学版），18(5)：68—75.

银成钺，杨雪，王影，2010. 基于关键事件技术的服务业顾客间互动行为研究 [J]. 预测，29(1)：15—20.

应星，2006. 略论叙事在中国社会研究中的运用及其限制 [J]. 江苏行政学院学报，27(3)：71—75.

于伯华，吕昌河，2006. 土地利用冲突分析：概念与方法 [J]. 地理科学进展，2006(3)：106—115.

于雷，2005. 空间公共性研究 [M]. 南京：东南大学出版社.

余构雄，李力，2010. 基于生态位理论的区域城市星级酒店竞争力——以珠江三角洲为例的研究 [J]. 经济管理，32(6)：98—104.

余青，吴必虎，殷平，等，2004. 中国城市节事活动的开发与管理 [J]. 地理研究，23(6)：845—843.

余志远，2012. 成己之路：背包旅游者旅游体验研究 [D]. 大连：东北财经大学.

俞庆进，张兵，2012. 投资者有限关注与股票收益——以百度指数作为关注度的一项实证研究 [J]. 金融研究，34(8)：152—165.

袁亚忠，章晓檀，2013. 广州政府主导型展会发展现状与提升对策 [J]. 旅游论坛，6(3)：66—69.

袁振杰，钱俊希，朱竑，2013. 微观政治视角下的宗教空间的社会与文化空间构建——以中国大陆威宁石门坎基督教会为例 [J]. 地理学报（台湾），70(3)：47—67.

约翰·厄里（JohnUrry），乔纳斯·拉森（JonasLarsen），2016. 游客的凝视（第三版）[M]. 黄宛瑜译. 上海：格致出版社，上海人民出版社.

张成福，2011. 个人叙事与传统建构——以即墨"田横祭海节"为例 [J]. 青岛农业大学学报（社会科学版），23(1)：80—84.

张佳秋，2014. 胡塞尔现象学对客体化行为中"意义"的建构 [J]. 中南大学学报：社会科学版，20(1)：161—165.

张力，2012. 基于百度指数分析的地域网络关注度研究——以镇江为例 [J]. 图书情报研究，5(1)：40—47.

张萌，2015. 安徽旅游形象标识的多模态话语分析 [J]. 宿州学院学报，5(30)：51—52.

张楠楠，2007. 当代洛阳牡丹花会发展史研究 [D]. 长沙：湖南师范大学.

张洒丽，2013. 从叙事角度看天姥山现代话语意义构建 [J]. 湖北广播电视大学学报，(9)：89—90.

张五常，2008. 新制度经济学的现状及其发展趋势 [J]. 当代财经，29(7)：5—9.

张五常，2011. 收入与成本 [M]. 北京：中信出版社.

张晓梅，程绍文，刘晓蕾，等，2016. 古城旅游地网络关注度时空特征及其影响因素——以平遥古城为例 [J]. 经济地理，36(7)：196—202.

张颖，2013. 苗族芦笙的族群叙事与身体表述——以南猛鼓藏节考察为例 [J]. 中外文化与文论，(2)：191—205.

赵莉华，2011. 空间政治与"空间三一论" [J]. 社会科学家，26(5)：138—141.

赵男，2010. 旅游情境中的日常理性研究 [D]. 大连：东北财经大学.

赵子忱，1998. 科斯《社会成本问题》的产权思想辨析 [J]. 南京大学学报（哲学人文科学社会科学版），44(1)：75—83.

甄巍然，2012. 传播者"质的研究"：情境中的意义建构 [C]. 中国传媒大学第六届全国新闻学与传播学博士生学术研讨会，北京，153—163.

郑向敏，1996. 旅游对风情民俗资源的消极影响及对策研究 [J]. 旅游学刊，11(3)：44—47.

中国互联网络信息中心，2018. 第 41 次中国互联网络发展状况统计报告 [EB/OL]. (2018-03-05)[2019-11-14]http://www.cnnic.cn/hlwfzyj/hlwxzbg/hlwtjbg/201803/P020180305409870339136.pdf.

周大鸣，李翠玲，2007. 垃圾场上的空间政治——以广州兴丰垃圾场为例 [J]. 广西民族大学学报（哲学社会科学版），29(5):31—36.

周国华，彭佳捷，2012. 空间冲突的演变特征及影响效应——以长株潭城市群为例 [J]. 地理科学进展，31(6):717—723.

周健，2011. 人际互动与城市社区公共空间冲突的消解——上海市 24 个社区调研的启示 [J]. 河南大学学报（社会科学版），51(2):54—58.

周尚意，吴莉萍，苑伟超，2010. 景观表征权力与地方文化演替的关系——以北京前门—大栅栏商业区景观改造为例 [J]. 人文地理，25(5):1—5.

周宪，2008. 现代性与视觉文化中的旅游凝视 [J]. 天津社会科学，(1):111—119.

周晓唯，叶倩，2011. 会展业竞争力与省际贸易壁垒研究——基于中国省级数据的实证分析 [J]. 中南大学学报（社会科学版），17(1):74—79.

朱春全，1997. 生态位态势理论与扩充假说 [J]. 生态学报，17(3):324—332.

朱诗荟，姜洪涛，2012. 节事活动参与者的动机研究——以中国南京国际梅花节为例 [J]. 北京第二外国语学院学报，34(11):66—72.

宗晓莲，戴光全，2005. 节事旅游活动中的文化表达及其旅游影响——国际东巴文化艺术节的旅游人类学解读 [J]. 思想战线，31(2):134—140.

邹永广，林炜铃，郑向敏，2015. 旅游安全网络关注度时空特征及其影响因素 [J]. 旅游学刊，30(2):101—109.

左晓斯，李钰，2009. 现代性、逃避主义与后现代旅游 [J]. 思想战线，35(5):21—26.

Adams K M, 1990. Cultural Commoditization in Tana Toraja, Indonesia[J]. Cultural Survival Quarterly, 14(1):31.

Andrew. P. Davidson, YingMiao YU, 2005. The Internet and the occidental tourist:Analyses of Taiwan's tourism websites form the perspective of western tourists[J]. Information Technology &Tourism, 13(7):91—102.

Andrlic, B, Budic, H, 2010. Possibilities of tourism market research via the Internet[J]. Annals of Daaam & Proceedings, 23(2):79—80.

Ang SH, Leong SM, Lim J, 1997. The mediating influence of pleasure and arousal on layout and signage effects[J]. Journal of Retailing and Consumer Services, 4(1):13—24.

Ashforth B E, Harrison S H & Corley K G, 2008. Identification in Organizations:An Examination of Four Fundamental Questions[J]. Journal of Management, 34(3):325—374.

Baker J, Levy M, Grewal D, 1992. An experimental approach to making retail store environmental decisions[J]. Journal of Retailing, 68(4):445—451.

Ballesteros R E, Hernandez M R, 2007. Identity and community-Reflections on the development of mining heritage tourism in Southern Spain[J]. Tourism Management, 28(3):677—687.

Bang H, Lee S, Swart K, 2014. Predicting volunteers' intention to return:an examination of brand personality, prestige, and identification of sporting events[J]. Event Management, 18(2):169—183.

Bernini C, 2009. Convention industry and destination clusters:Evidence from Italy[J]. Tourism management, 30(6):878—889.

Bing P, Daniel R, 2006. Online information search:Vacation planning process[J]. Annals of Tourism Research, 33(3):809—832.

Bitner M J, 1992. Servicescapes:The Impact of Physical Surroundings on Customers and Employees[J]. Journal of Marketing, 56(2):57—71.

Bres K D, Davis J, 2001. Celebrating group and place identity:A case study of a new regional festival[J]. Tourism geographies, 3(3):326—337.

Briassoulis H, 2002. Sustainable tourism and the question of the commons[J]. Annals of Tourism Research, 29(4):1065—1085.

Burr S W, Scott, D, 2004. Application of the recreational specialization framework to understanding visitors to the Great Salt Lake Bird Festival[J]. Event Management, 9(1):27—37.

Butler, J, 1998. Performative Acts and Gender Constitution:an essay in phenomenology and feminist theory[J]. Theatre Journal, 40(4):519—531.

Campbell L M, 1999. Ecotourism in rural developing communities[J]. Annals of Tourism Research, 26(3):534—553.

Carl Cater, Paul Cloke, 2007. Bodies in action:the performativity of adventure tourism[J]. Anthropology Today tody, 23(6):13—17.

Chang J, 2006. Segmenting tourists to aboriginal cultural festivals:An example in the Rukai tribal area, Taiwan[J]. Tourism Management, 27(6):1224—1234.

Charlène A, Edina S, Olivier K, 2012. Renewal of Territorial Governance Through Cultural Events:Case Study of the Picasso-Aix 2009 Cultural Season[J]. International Journal of Arts Management, 15(1):4—17.

Chen H C, Chiou C Y, Yeh C Y, et al, 2012. A Study of the Enhancement of Service Quality and Satisfaction by Taiwan MICE Service Project[J]. Asia pacific business innovation and technology management society, 40:382—388.

Chen Maichi, 2013. Sustainable Development of Ethnic Sports Festivals ＆ Special Events from the Espace Culturel Perspective[J]. Journal of Capital Normal University(Natural Science Edition), 34(2):90—94.

CHOI Y, 1994. The effect of social and physical distance on the global communication networks[J]. Gazette, 54(2):163—192.

Cohen E, Cohen S A, 2012. Current sociological theories and issues in tourism[J]. Annals of Tourism Research, 39(4):2177—2202.

Cohen E, Cohen S.A, 2012. Authentication:hot and cool[J]. Annals of Tourism Research, 39(3):1295—1314.

Cohen E, 1986. Lovelorn Farangs:The correspondence between foreign men and Thai girls[J]. Anthropological Quarterly, 59(3):115—127.

Condevaux A, 2009. Māori Culture on Stage:Authenticity and Identity in Tourist Interactions[J]. Anthropological Forum, 19(2):143—161.

Cooke K, 1982. Guidelines for socially appropriate tourism development in British Columbia[J]. Journal of Travel Research, 21(1):22—28.

Crompton J L, Mckay S L, 1997. Motives of visitors attending festival events[J]. Annals of Tourism Research, 24(2):425—439.

Crompton J L, 1979. Motivations for pleasure vacation[J]. Annals of Tourism Research, 6(4):408—424.

Crouch, D, 2000. Places around us:embodied lay geographies in leisure and tourism[J]. Leisure Studies, 19(2):63—76.

D'Adderio L, 2011. Artifacts at the centre of routines:performing the material turn in routines theory[J]. Journal of Institutional Economics, 7(2):197—230.

Dai D Y, Sternberg R J, 2004. Motivation, Emotion, and Cognition:Integrative Perspectives on Intellectual Functioning and Development[M]. London:Lawrence Erlbaum Associates:336—341.

Dann G, 1976. The holiday was simply fantastic[J]. The Tourist Review, 31(3):19—23.

Dann G, 1977. Anomie, ego-enhancement and tourism[J]. Annals of Tourism Research, 4(4):184—194.

Dann G, 1981. Tourist motivation an appraisal[J]. Annals of Tourism Research, 8(2):187—219.

Dawson S, Bloch P H, Ridgway N M, 1990. Shopping motives, emotional states and retail outcomes[J]. Journal of Retailing, 66(4):408—427.

Demir C, 2012. Graphic design for a permanent exhibition:exhibition design of the Museum Mimar Kemaleddin[J]. Procedia-Social and Behavioral Sciences, 51:495—500.

Donovan R J, Rossiter J R, 1982. Store atmosphere:an environmental psychology approach[J]. Journal of Retailing, 58(1):34—59.

Dracula L D, 2007. tourism in Romania-Cultural identity and the state[J]. Annals of Tourism Research, 34(3):746—765.

Duran E, Hamarat B, 2014. Festival attendees' motivations:the case of International Troia Festival[J]. International Journal of Event and Festival Management, 5(2):146—163.

Edensor T, 1998. Tourists at the Tai[M]. London:Routledge.

Edensor T, 1998. Tourists at the Taj:Performace and meaning at a Symbolic Site[M]. London:Routledge.

Edensor T, 2000. Staging tourism:Tourists as performers[J]. Annals of Tourism Research, 27(2):322—344.

Edensor T, 2001. Performing tourism, staging tourism (Re)producing tourist space and practice[J]. Tourist Studies, 1(1):59—81.

Edensor T, 2001. Performing tourism, staging tourism——(Re)producing tourist space and practice[J]. Tourist Studies, 1(1):59—81.

Evans N. H, 1976. Tourism and cross cultural communication[J]. Annals of tourism research, 3(4):189—198.

Fakharyan O, Khodadadian J, Vosta N, 2014. Examining the effect of Customer-to-Customer Interactions on satisfaction, loyalty, and Word-of-Mouth behaviors in the hospitality industry:the mediating role of personal interaction quality and service atmospherics[J]. Journal of Travel and Tourism Marketing, 31(5):610—626.

Featherstone D, Painter J, 2013. Spatial politics:essays for doreen massey[M]. West Sussex:Wiley-Blackwell, John Wiley & Sons, Ltd.

Fourie M, Kruger M, 2015. 'Festivalscape' factors influencing visitors' loyalty to an agri-festival in South Africa[J]. Acta Commercii, 15(1):1—11.

Frisby W, Getz, D, 1989. Festival management:a case study perspective[J]. Journal of Travel Research, 28(1), 7—11.

Getz D, O'Neill M, Carlsen J, 2001. Service quality evaluation at events through service mapping[J]. Journal of Travel Research, 39(4):380—390.

Getz D, Page S J, 2016. Progress and prospects for event tourism research[J]. Tourism

Management，52(1):593—631.

Getz D，1989. Special events:defining the product[J]. Tourism Management，10(2)，135—137.

Getz D，1997. Event Management & Event Tourism[M]. New York:Cognizant Communication corporation.

Getz D，2004. Bidding on events:critical success factors[J]. Journal of Convention and Exhibition Management，5(2)，1—24.

Getz D，2007. Event Studies:Theory，Research and Policy for Planned Events[M]. Oxford，UK:Butterworth-Heinemann.

Getz D，2008. Event tourism:definition，evolution，and research[J]. Tourism Management，29(3):403—428.

Getz D，2012. Event studies:discourses and future directions[J]. Event Management，16(2):171—187.

Gioia D A，Chittipeddi K，1991. Sensemaking and sensegiving in strategic change initiation[J]. Strategic Management Journal，12(6):433—448.

Goeldner C R，Ritchie J R B，2011. Tourism:principles，practices，philosophies[M]. New Jersey:John Wiley & Sons，Inc.

Gonzalez M V，2008. Intangible heritage tourism and identity[J]. Tourism Management，29(4):807—810.

Gration D，Raciti M M，2014. Exploring the relationship between festivalgoers' personal values and their perceptions of the Non-urban blended festivalscape:an Australian study[J]. Scandinavian Journal of Hospitality and Tourism，14(3):275—295.

Gravari-Barbas M，Veschambre V，2005. Space-time appropriation of an ephemeral event:the case of Angoulême comic festival[J]. Annales de Géographie，114(643):285—306.

Gravari-Barbas M，2009. The "Festival City":urban events and contemporary city building[J]. Bulletin de l'Association de géographes français，86(3):279—290.

Grayson RAS，McNeill L S，2009. Using atmospheric elements in service retailing:Understanding the bar environment[J]. Journal of Service Marketing，23(7):517—527.

Grove S J，Fisk R P，1997. The impact of other customers on service experiences:a critical incident examination of "Getting Along" [J]. Journal of Retailing，73(1):63—85.

Grunewald R D A，2002. Tourism and cultural revival[J]. Annals of tourism research，29(4):1004—1021.

Gu H，C Ryan，2008. Place attachment，identity and community impacts of tourism-the case of a Beijing hutong[J]. Tourism Management，29(4):637—647.

Hallak R，Brown G，Lindsay N J，2012. The Place Identity-Performance relationship among tourism entrepreneurs:A structural equation modelling analysis[J]. Tourism Management，33(1):143—154.

Harris K，Baron S，Parker C，2000. Understanding the consumer experience:it's "Good To Talk" [J]. Journal of Marketing Management，16(1—3):111—127.

Harris K，Baron S，2004. Consumer-to-Consumer conversations in service settings[J]. Journal of Service Research，6(3):287—303.

Harwood S，El-Manstrly D，2012. The Performativity Turn in Tourism(University of Edinburgh Business School Working Paper Series)[M]. Edinburgh:University of Edinburgh Business School.

Hernandez S A, Cohen J, Garcia H L, 1996. Residents' attitudes towards an instant resort enclave[J]. Annals of Tourism Research, 23(4):755—779.

Hoffmann B, 2012. Ethnic tourism and the experience of cultural otherness[J]. Ethnological & Anthropological Studies, (12):14.

Huang J, Hsu C H C, 2009. Interaction among fellow cruise passengers:diverse experiences and impacts[J]. Journal of Travel & Tourism Marketing, 26(5—6):547—567.

Huang J, Hsu C H C, 2010. The impact of Customer-to-Customer interaction on cruise experience and vacation satisfaction[J]. Journal of Travel Research, 49(1):79—92.

Hunter W C, 2001. Rukai indigenous tourism:Representations, cultural identity and Q method[J]. Tourism Management, 32(2):335—348.

Iso-Ahola R M S, 1987. Psychological nature of leisure and tourism experience[J]. Annals of Tourism Research, 14(3):314—331.

Iso-Ahola S E, Allen J R, 1982. The dynamics of leisure motivation:the effects of outcome on leisure needs[J]. Research Quarterly for Exercise and Sport, 53(2):141—149.

Iso-Ahola S E, 1982. Toward a social psychological theory of tourism motivation:a rejoinder[J]. Annals of Tourism Research, 9(2):256—262.

Iso-Ahola S E, 1983. Towards a social psychology of recreational travel[J]. Leisure Study. 2(1):45—56.

Jae-Hyuck L, 2019. Conflict mapping toward ecotourism facility foundation using spatial Q methodology[J]. Tourism Management, 72:69—77.

Jamal T, 2004. Conflict in natural area destinations:a critique of representation and 'interest' in participatory processes[J]. Tourism Geographies, 6(3):352—379.

Jang Y, Ro H, Kim T, 2015. Social servicescape:the impact of social factors on restaurant image and behavioral intentions[J]. International Journal of Hospitality & Tourism Administration, 16(3):290—309.

Janiskee R L, 1996. The temporal distribution of America's community festivals[J]. Festival Management and Event Tourism, 3(3):129—137.

John C, 2003. Island dreaming:the contemplation of Polynesian Paradise[J]. Journal of historical geography, 29(4):554—581.

Johnston B R, 1990. Save our beach dem and our land too! The problems of tourism in America's paradise[J]. Cultural Survival Quarterly, 14(2):31—37.

Jong W D, Ruiz S, Becker M, 2006. Conflicts and communal forest management in northern Bolivia[J]. Forest Policy & Economics, 8(4):447—457.

Kachele H, Dabbert S, 2002. An economic approach for a better understanding of conflicts between farmers and nature conservationists—an application of the decision support system MODAM to the Lower Odra Valley National Park[J]. Agricultural Systems, 74(2):241—255.

Kim H S, Choi B, 2016. The effects of three customer-to-customer interaction quality types on customer experience quality and citizenship behavior in mass service settings[J]. Journal of Service Marketing, 30(4):384—397.

Knox D, 2008. Spectacular tradition:Scottish folksong and authenticity[J]. Annals of Tourism Research, 35(1):255—273.

Kotler P, 1973. Atmospherics as a marketing tool[J]. Journal of Retailing, 49(4):48—64.

Kritzman L D, 1988. Michel Foucault politics philosophy culture:interviews and other writings 1977—1984[M]. London:Routledge, 104—106.

Larsen J, 2005. Families Seen Sightseeing :Performativity of Tourist Photography[J]. Space and Culture, (10):416—434.

Lau R W K, 2011. Tourists sights as semiotic signs a critical commentary[J. Annals of tourism research, 38(2):708—722.

Lee C K, 2000. A comparative study of Caucasian and Asian visitors to a Cultural Expo in an Asian setting[J]. Tourism Management, 21(2):169—176.

Lee J J, 2014. Visitors' emotional responses to the festival environment[J]. Journal of Travel and Tourism Marketing, 31(1):114—131.

Lee J S, Lee C K, Choi Y, 2011. Examining the role of emotional and functional values in festival evaluation[J]. Journal of Travel Research, 50(6):685—696.

Lee T H, Chang P, 2017. Examining the relationships among festivalscape, experiences, and identity:evidence from two Taiwanese aboriginal[J]. Leisure Study, 36(4):1—15.

Lee Y, Lee C, Lee S, Babin B J, 2008. Festivalscapes and patrons' emotions, satisfaction, and loyalty[J]. Journal of Bussiness Research, 61(1):56—64.

Lefebvre H, 1991. The production of space[M]. Oxford:Blackwell, 15—349.

Leonard M, 2005. Performing identities:Music and dance in the Irish communities of Coventry and Liverpool[J]. Social & Cultural Geography, 6(4):515—529.

Levy S E, 2010. The hospitality of the host:A cross-cultural examination of managerially facilitated consumer-to-consumer interactions[J]. International Journal of Hospitality Management, 29(2):319—327.

Lexhagen M, 2005. The importance of value-added services to support the customer search and purchase process on travel websites[J]. Information Technology and Tourism, 7(2):119—135.

Li X, Pan B, Law R, et al, 2017. Forecasting tourism demand with composite search index[J]. Tourism management, 59:57—66.

Li Y N, Wood E H, 2016. Music festival motivation in China:free the mind[J]. Leisure Study, 35(3):332—351.

Li Y, 2011. Ethnic tourism and cultural representation[J]. Annals of Tourism Research, 38(2):561—585.

Lian J B, 2010. Sensemaking and Sensegiving during Organizational Change:A Case Study of a Singapore Religious Leader[J]. The George Washington University.

Lin H T, Lawrence W L, 2014. A new interactive guiding system with social networking services at exhibitions[J]. The Electronic Library, 32(2):170—182.

Liu J C, Var T, 1986. Resident attitudes toward tourism impacts in Hawaii[J]. Annals of Tourism Research, 13(2):193—214.

Luck G W, Ricketts T H, Daily G C, etal, 2004. Alleviating spatial conflict between people and biodiversity[J]. Proceedings of the National Academy of Sciences of the United States of America, 101(1):182.

MacCannell D, 1973. Staged authenticity:Arrangements of social space in tourist setting[J]. American Journal of Sociology , 79(3):589—603.

MacCannell D, 1976. The Tourist :A New Theory of the Leisure Class[M]. New York:Schocken Book.

MacCannell D, 1999. The Tourist:A New Theory of Leisure Class[M]. California:University of California Press:109—131.

MacCannell, D, 1984. Reconstructed ethnicity:tourism and cultural identity in third world communities[J]. Annals of tourism research, 11(3):374—391.

Maclean M, Harvey C, Chia R, 2011. Sensemaking, storytelling and the legitimization of elite business careers[J]. Human relations, 65(1):17—40.

Madanipour A, 2017. Temporary use of space:urban processes between flexibility, opportunity and precarity[J]. Urban Studies, 2017(5):1093—1110.

Martin C L, Pranter C A, 1989. Compatibility management:Customer-to-Customer relationships in service environments[J]. Journal of Service Marketing, 3(3):5—15.

Martin C L, 1996. Consumer-to-Consumer Relationships:Satisfaction with other consumers' public behavior[J]. Journal of Consumer Affairs, 30(1):146—169.

Mason M C, Paggiaro A, 2012. Investigating the role of festivalscape in culinary tourism:The case of food and wine events[J]. Tourism Management, 33(6):1329—1336.

Matteucci, X, 2014. Forms of body usage in tourists' experiences of flamenco[J]. Annals of Tourism Research, (46):29—43.

McGoldrick P J, Pieros C P, 1998. Atmospherics, pleasure and arousal:the influence of response moderators[J]. Journal of Marketing Managment, 14(1):173—197.

Mehrabian A, Russell J A, 1974a. The basic emotional impact of environments[J]. Perceptual and Motor Skills, 38(1):219—230.

Mehrabian A, Russell J A, 1974b. An Approach to Environmental Psychology[J]. Cambridge:The MIT Press:211—215.

Moore R, Moore M L, Capella M, 2005. The impact of customer-to-customer interactions in a high personal contact service setting[J]. The Journal of Services Marketing, 19(7):482—491.

Moura E S P, Amorim M, 2017. A typology of customer-to-customer interaction and its implications for excellence in service provision[J]. Total Quality Management & Business Excellence, 28(9—10):1183—1193.

Mumford L, 1937. What is a city[J]. Architectural Record, 1937(2):92—96.

Nash C, 2000. Performativity in practice:Some recent work in cultural geography[J]. Theory Culture and Society, 24(4):654.

Nicholls R, 2010. New directions for customer-to-customer interaction research[J]. Journal of Service Marketing, 24(1):87—97.

Niloofar I, Meysam F, Sara F, 2012. The effect of customer-to-customer interactions on satisfaction with the firm, loyalty to the firm and firm word-of-mouth:The case of Iran Air Company[J]. African Journal of Business Management, 6(39):10427—10437.

Orams M, 1999. Marine tourism:development, impacts and management[M]. New York:Routledge.

Papathanassis A, 2012. Guest-to-guest interaction on board cruise ships:exploring social dynamics and the role of situational factors[J]. Tourism Management, 33(5):1148—1158.

Pearce P L, 2005. Tourist Behaviour:Themes and Conceptual Schemes[M]. Bristol:Channel View Publications, 227—233.

Perkins H, Thorns D, 2001. Reflections on Urry tourist gaze in the context of contemporary experience in the antipodes[J]. International Sociology, 16:185—204.

Pessoa L, 2008. On the relationship between emotion and cognition[J]. Nature Reviews Neuroscience, 9(2):148—158.

Pradel B, 2013. Special Issue:Urban Policy and Territorial Planning in the Festive

City[J]. Society and Leisure, 36(1):1—16.

Pugh J, 2009. What are the consequences of the 'spatial turn' for how we understand politics today? a proposed research agenda[J]. Progress in Human Geography. 33(5):579—586.

Qingqing Y, Rong W, Peipei Z, 2018. A Conflict Identification Method of Urban, Agricultural and Ecological Spaces Based on the Space Conversion Matrix[J]. Sustainability, 10(10):1—15.

Quinn B, 2007. Performing Tourism Venetian Residents in Focus[J]. Annals of Tourism Research, 34(2):458—476.

Ramlee N, Said I, 2014. Review on atmospheric effects of commercial environment[J]. Procedia-Social and Behavioral Sciences, 153(16):426—435.

Rantala O, Valtonen A, 2014. A rhythmanalysis of touristic sleep in nature[J]. Annals of Tourism Research, 47:18—30.

Reichenberger I, 2017. C2C value co-creation through social interactions in tourism[J]. International Journal of Tourism Research, 19(6):629—638.

Rihova I, Buhalis D, Moital M, etal, 2015. Conceptualizing Customer-to-Customer value co-creation in tourism[J]. International Journal of Tourism Research, 17(4):356—363.

Ritchie J R B, 1999. Crafting a value-driven vision for a national tourism treasure[J]. Tourism Management, 20(3):273—282.

Robin N, Dogan G, Thanika D J, 2010. Island residents' identities and their support for tourism:an integration of two theories[J]. Journal of Sustainable Tourism, 18(5):675—693.

Robinson M, Boniface P, 1999. Tourism and cultural conflicts[M]. Wallingford:CABI Publishing.

Rohloff I K, 2009. Museum gallery layouts and their interactions with exhibition narratives and space use patterns:an investigation of the YCBA, the MOMA and the HMA galleries[M]. Michigan:The University of Michigan Doctoral Dissertation.

Rosenbaum M S, Massiah C, 2011. An expanded servicescape perspective[J]. Journal of Service Management, 22(4):471—490.

Russell J A, Pratt G, 1980. A description of the affective quality attributed to environments[J]. Journal of Personality and Social Psychology, 38(2):311—322.

Ryan C, Collins AB, 2008. Entertaining international visitors—the hybrid nature of tourism shows[J]. Tourism Recreation Research, 33(2):143—149.

Ryu K, Jang S S, 2007. The effect of environmental perceptions on behavioral intentions through emotions:the case of upscale restaurants[J]. Journal of Hospitality & Tourism Research, 31(1):56—72.

Ryu K, Jang S, 2008. Influence of restaurants' physical environments on emotion and behavioral intention[J]. The Service Industries Journal, 28 (8):1151—1165.

Sandberg J, Tsoukas H, 2015. Making sense of the sensemaking perspective:Its constituents, limitations, and opportunities for further development[J]. Journal of Organizational Behavior, 36(S1):S6—S32.

Sanginga P C, Kamugisha R N, Martin A M, 2007. The Dynamics of Social Capital and Conflict Management in Multiple Resource Regimes:A Case of the Southwestern Highlands of Uganda[J]. Ecology & Society, 12(1):181—194.

Schneuwkly P, Widmer M, 2003. Layout modeling and construction procedure for the arrangement of exhibition spaces in a fair[J]. International Transactions in Operational Research, 10(4):311—33.

Scott D, 1995. A comparison of visitors' motivations to attend three urban festivals[J]. Festival Management & Event Tourism, 3(3):121—128.

Shortt, H, 2015. Liminality:space and the importance of 'transitory dwelling places' at work[J]. Human Relations, 68(4):633—658.

Skadberg Y X, Skadberg A N, Kimmel J R, 2005. Flow experience and its impact on the effectives of a tourism website[J]. Information Technology and Tourism, 7(17):147—156.

Smith M K, 2003. Issues in Cultural Tourism Studies[M]. London:Routledge.

Snepenger D J, Murphy L, O'Connell R, etal, 2003. Tourists and residents use of a shopping space[J]. Annals of Tourism Research, 30(3):567—580.

Spracklen K, Laurencic J, Kenyon A, 2010. Mine's a Pint of Bitter':Performativity, Gender, Class and Representations of Authenticity in Real-Ale Tourism[J]. Space and Culture, (2):200—224

Sweet J D, 1989. Burlesquing 'the other' in pueblo performance[J]. Annals of Tourism Research, 16(1):62—75.

Tattersall J, Cooper R, 2014. Creating the Eventscape[C], in Strategic Event Creation[M] (Sharples B, May PC, Orefice C eds). Oxford:Goodfellow Publishers Limited:143—151.

Thomas A S, Williams G R, 1991. A Strategy to Provide Retirement Benefits for International Transferees in a Global Company[J]. Benefits and Compensation International, 21, (3):2—7.

Tribe J, Xiao H, Chambers D, 2012. The Reflexive Journal:inside the black box[J]. Annals of Tourism Research, 39(1):7—35.

Turner V, 1969. The Ritual Process:Structure and Anti-Structure[M]. London:Aldine Transaction.

Urry J, 1995. Consuming Places[M]. London:Routledge.

Urry J, 2002. The Tourist Gaze:Leisure and Travel in Contemporary Societies (the 2nd Edition)[M]. London:SAGE Publications Ltd.

Van Gennep A, 1960. The rites of passage[1908][M]. London:Routledge.

Vila T D, Vila N A, 2018. The Role of the Internet as a Tool to Search for Tourist Information[J]. Journal of Global Information Management, 26 (1):58—84.

Wakejield K L, Blodgett J G, Sloan H J, 1996. Measurement and management of the sportscape[J]. Journal of Sport Management, 10(1):15—31.

Wall G, Xie P F, 2005.Authenticating ethnic tourism:Li dancers'perspectives[J]. Asia Pacific Journal of Tourism Research, 10(1):1—21.

Weick K E, 1995. Sensemaking in organization[M]. Thousand Oaks:SAGE Publications.

Weick K E, 2012. Organized sensemaking:A commentary on processes of interpretive work[J]. Human Relations, 65(1):141—153.

Westbrook R A, Black W C, 1985. A motivation-based shopper typology[J]. Journal of Retailing, 61(1):78—103.

Wood R E, 1984. Ethnic tourism, the state, and cultural change in Southeast Asia[J]. Annals of tourism research, 11(3):353—374.

Wu C H, 2007. The impact of customer-to-customer interaction and customer homogeneity on customer satisfaction in tourism service—The service encounter prospective[J]. Tourism

Management，28(6):1518—1528.

Wu C H，2008. The influence of customer-to-customer interactions and role typology on customer reaction[J]. The Service Industries Journal，28(10):1501—1513.

Wu M，2004. Planning and designing social spaces within trade shows and exhibitions[D]. Manitoba:University of Manitoba Master Degree Paper.

Yang J，Gu Y，Cen J，2011. Festival tourists' emotion，perceived value，and behavioral intentions:a test of the moderating effect of festivalscape[J]. Journal of Convention & Event Tourism，12(1):25—44.

Ying Robert，1994. Case Study Research Design and Methods[M]. Sage Publication.

Yolal M，Woo E，Cetinel F，etal，2012. Comparative research of motivations across different festival products[J]. International Journal of Event and Festival Management，3(1):66—80.

Zgolli S，Zaiem I，2017. Customer-to-customer interaction in tourism experience:Moderating role of nationality[J]. Arab Economic and Business Journal，12(1):44—56.

Zhang P，Soergel D，2014. Towards a comprehensive model of the cognitive process and mechanisms of individual sensemaking[J]. Journal of the Association for Information Science and Technology，65(9):1733—1756.

附录：
国家自然科学基金项目
（基金号：41571132）
研究成果目录

## ■ 一、学术专著 ①

[1] 王晓敏（#），2018. 展览服务资源分类、整合及质量评价——基于服务主导逻辑（与其它基金项目联合支持）. 北京： 社会科学文献出版社，2018.8.1.

## ■ 二、学术期刊论文

[2] 汪秀琼（#），戴光全（*），吴小节，彭韵妍，2016.2010—2014 年中国会展研究文献计量分析. 热带地理，36（02）：303—312.

[3] 王晓敏（#），戴光全（*），2016. 权力、责任及利益视角下展览企业部门协作分析——以深圳会展中心为例. 旅游学刊， 31（9）：113—123.

[4] 余构雄（#），2016. 国外旅游研究知识体系演变与共现. 经济管理，38（11）：159—173.

[5] 余构雄（#），戴光全（*），2017. 基于《旅游学刊》关键词计量分析的旅游学科创新力及知识体系构建. 旅游学刊，2017，32（1）： 99—110.

[6] 余构雄（#），戴光全（*），2017. 基于"钻石模型"的区域展览城市选择研究——以珠三角为例. 华东经济管理，2017，31（1）： 60—66.

[7] 余构雄（#），戴光全，2017. 标志性政府运作型展览会对城市展览业发展的负面效应——以广交会为例. 当代经济管理，2017，（01）：66—72.

[8] 王晓敏（#），胡兵，凌礼，2017. 服务主导逻辑下服务质量评价模型构建与实证研究——以展览企业参展商服务为例. 软科学，2017，31（3）： 111—114.

[9] 方昌敢（#），2017. Study on the Structure Optimization of Holiday Tourism Industry to Regional Economic Growth. International Journal of Nutraceuticals Functional Foods and Healthy Ingredients, 2017, 28（3）： 3240—3243.

[10] 余构雄（#），戴光全（*），2018. 期刊视角的中国旅游空间生产研究述评——从空间生产研究知识体系谈起. 热带地理，38（1）： 13—24.

[11] 余构雄（#），戴光全（*），2018. 基于旅游视角的中英文事件研究知识体系建构. 旅游学刊，33（2）：90—104.

[12] 余构雄（#），戴光全（*），2018. 微观权力视角下的游船空间解读. 人文地理，33（1）：152—158.

[13] 吴少峰（#），戴光全（*），2018. 异托邦：音乐节事活动的空间实践——以迷笛音乐节为例. 人文地理，33（3）：44—51.

[14] 姜晓培（#），戴光全（*），2018. 广州乞巧文化节投射形象与感知形象比较研究——基于网络文本的分析. 旅游导刊，2（4）：52—69.

[15] 韦瑾（Jin Wei）（#），戴光全（Guangquan Dai）（*），2018. Tourists' power perception at an ethnic festival: A qualitative approach. Journal of Vacation Marketing（SSCI），Aug 2018 - OnlineFirst，First published：30 Aug 2018，IN：http://journals. sagepub. com/doi/metrics/10. 1177/1356766718796064；https://doi. org/10. 1177/1356766718796064. Also：Journal of Vacation Marketing（SSCI），2019，25（3）：263—274.

---

① 说明：本成果目录除硕博学位论文外的各条目中，姓名后标注(#)者为第一作者，标注(*)者为通讯作者或报告人（大会特邀报告）。

[16] Huynh, Ngoc, Truc（黄玉竹）(#)，戴光全 (*)，2018. 商贸展览消费者的品牌联想. 商业经济研究,（23）：54—58.

[17] 廖珍杰 (#)，戴光全，2018. 传播迎春花市集体记忆，讲述原汁原味中国故事. 旅游学刊，33(11):13—15.

[18] 吴少峰 (#)，戴光全 (*)，2019. 迷笛音乐节中循环新部落的联结与交往特质. 旅游学刊，2019,34(6)：74—84.

[19] 李静 (#)，戴光全 (*)，2019. 符号视角下的传统节庆体验研究——以广州迎春花市为例. 装饰（CSSCI），2019，(4)：28—32.

[20] Wu S(吴少峰)(#)，Li Y(*)，Wood E H, etal，2020. Liminality and festivals—Insights from the East. Annals of Tourism Research(SSCI)，(80):1—13. In:https://doi.org/10.1016/j.annals.2019.102810.

## 三、硕博学位论文

[21] 王珂，2016. 迷笛音乐节的氛围感知概念模型及其对游客满意和行为意向的影响. 华南理工大学经济与贸易学院，硕士学位论文，答辩日期： 2016.5.26，指导教师：戴光全.

[22] 杨文娥，2016. 产品涉入度、感知价值对节事游客体验质量影响研究——以广州中秋灯会为例. 华南理工大学经济与贸易学院，硕士学位论文，答辩日期：2016.5.26，指导教师：戴光全.

[23] 黄琳祺，2017. 民俗节庆游客后悔心理及其后续行为研究——以广州乞巧文化节为例. 华南理工大学经济与贸易学院，硕士学位论文，答辩日期：2017.9.14，指导教师：戴光全.

[24] 王晓敏，2017. 展览服务资源分类、整合及质量评价：基于服务主导逻辑. 华南理工大学经济与贸易学院，博士学位论文，答辩日期：2017.6.1，指导教师：戴光全.

[25] 姜晓培，2018. 基于参与－非参与对比视角下的节事形象感知研——以广州珠村乞巧节为例. 华南理工大学经济与贸易学院，硕士学位论文，答辩日期：2018.5.24，指导教师：戴光全.

[26] 余构雄，2018. 都市水上夜游空间生产研究——以广州珠江夜游为例. 华南理工大学经济与贸易学院，博士学位论文，答辩日期：2018.6.21，指导教师：戴光全.

[27] 韦瑾，2018. 民族节事旅游场域中的主客权力感对其交往意愿及效应的影响. 华南理工大学经济与贸易学院，博士学位论文，答辩日期：2018.11.30，指导教师：戴光全.

[28] 陈浩然，2019. 节事空间冲突的探索性研究——以广州国际灯光节为例. 华南理工大学经济与贸易学院，硕士学位论文，答辩日期：2019.5.16，指导教师：戴光全.

[29] HUYNH NGOC TRUC（黄玉竹），2019. 商贸展览消费者的品牌联想——以广交会为例. 华南理工大学经济与贸易学院，博士学位论文，答辩日期： 2019.5.30，指导教师：戴光全.

[30] 吴少峰，2019. 迷笛音乐节中文化表征过程的研究. 华南理工大学经济与贸易学院，博士学位论文，答辩日期：2019.5.30，指导教师：戴光全.

[31] 方昌敢，2019. 少数民族节庆旅游表演性研究——以广西三江侗族多耶节为例. 华南理工大学经济与贸易学院，博士学位论文，答辩日期：2019.5.30，指导教师：戴光全.

## ■ 四、大会特邀报告

[32] 戴光全 (#)(*)，王晓敏，凌礼，2016. 基于服务主导逻辑的展览企业资源整合策略. 2016 中国会展教育论坛，珠海，2016.4.9—2016.4.11.

[33] 王晓敏 (#)，戴光全 (*)，2016. 展览现场的空间政治分析：权力、利益、关系. 第三届国际会展与节事学术沙龙会议，珠海，2016.7.9—2016.7.10.

[34] 王晓敏 (#)，戴光全 (*)，凌礼，2016. 权力、责任及利益视角下展览企业部门协作分析——以深圳会展中心为例. 第八届中国会展教育年会，哈尔滨，2016.6.18—2016.6.19.

[35] 戴光全 (#)，2017. 国内旅游空间生产研究述评——兼论空间生产研究知识体系. 2017 第二届中国休闲与旅游发展论坛，上海华东师范大学，2017.11.9—2017.11.11.

[36] 戴光全 (#)，2018. 意义生成：发展脉络及对旅游研究的启示. 第三届中国休闲与旅游发展论坛，上海•华东师范大学，2018.11.15—2018.11.17

[37] 戴光全 (#)，2018. 大健康•大旅游•大节事——大健康社会和全域旅游背景下的系统节事旅游. 首届广西长寿养生文化与区域大健康旅游发展学术论坛，广西•河池学院，2018.12.15—2018.12.16.

[38] 廖珍杰 (#)，戴光全 (*)，2019. 传统节事：文化记忆传承和传播的重要载体. 新时代文旅深度融合与知识创新专题研讨会，北京•北京联合大学旅游学院《旅游学刊》编辑部，2019.4.28.

[39] 李静 (#)，戴光全 (*)，2019. 符号视角下的传统节庆体验研究——以广州迎春花市为例. 第五届中山大学会展与节事学术沙龙，广州•中山大学旅游学院，2019.5.24—2019.5.25.

[40] 陈浩然 (#)，戴光全 (*)，2019. 节事空间冲突的探索性研究. 第四届中国休闲与旅游发展论坛，上海•上海师范大学，2019.11.21—2019.11.23.

## ■ 五、会议交流论文

[41] 余构雄 (#)，戴光全 (*)，2016. 城市群展览业竞合模式及发展路径研究. 第二届中大旅游科学国际学术研讨会，广州，2016.9.16—2016.9.19.

[42] 余构雄 (#)，戴光全 (*)，2016. 基于旅游视角的中外事件研究史及知识体系比较研究. 2016《旅游学刊》中国旅游研究年会，洛阳，2016.10.21—2016.10.22.

[43] 余构雄 (#)，戴光全 (*)，2016. 基于组合赋权和灰色关联分析的区域展览城市选择研究. 第三届国际会展与节事学术沙龙会议，珠海，2016.7.10—2016.7.11.

[44] 姜晓培 (#)，戴光全 (*)，2016. 非到访者的节事形象感知研究. 第五届中欧国际旅游论坛，宁波，2016.6.20—2016.6.21.

[45] 余构雄 (#)，戴光全 (*)，2016. 标志性政府运作型展览会对城市展览业发展的负面效应. 第五届中欧国际旅游论坛，宁波，2016.6.20—2016.6.21.

[46] 韦瑾 (#)，2016. 南宁国际民歌艺术节对地方节庆开发的启示. 第三届国际会展与节事学术沙龙会议，珠海，2016.7.10—2016.7.11.

[47] 黄继华 (#)，任欣颖，2016. 民俗类非物质文化遗产节日庆典活动的成长与创新. 第五届中欧国际旅游论坛，宁波，2016.6.20—2016.6.21.

[48] 方昌敢 (#)，戴光全 (*)，2017. 文化表演及身体实践：少数民族节庆旅游的表演性建构和体验 . 2017 年中国人文地理学术年会，广州，2017. 11. 24—2017. 11. 26.

[49] 廖珍杰 (#)，戴光全 (*)，2017. 主场赛事情感氛围体验差异性及影响因素研究 . 2017（第十一届）旅游前沿国际学术研讨会，北京，2017. 5. 18—2017. 5. 20.

[50] 廖珍杰 (#)，戴光全 (*)，2017. 展览产业空间集聚与经济发展水平的相关性分析 . 2017 年中国人文地理学术年会，广州，2017. 11. 24—2017. 11. 26.

[51] 孙欢 (#)，戴光全 (*)，2017. 节事氛围概念框架初探：基于镇远赛龙舟和迷笛音乐节的比较 . 2017 年中国人文地理学术年会，广州，2017. 11. 24—2017. 11. 26.

[52] 余构雄 (#)，戴光全 (*)，2017. 都市水上夜游游船的空间生产——以珠江夜游游船为例 . 2017 年中国人文地理学术年会，广州，2017. 11. 24—2017. 11. 26.

[53] 余构雄 (#)，戴光全 (*)，2017. Research on competition-cooperation model of the urban agglomeration exhibition industry on niche theory. 2017（第十五届）欧亚企业社会责任和环境管理会议，天津，2017. 6. 10—2017. 6. 11.

[54] 张洁 (#)，戴光全 (*)，2017. 国外意义生成研究综述 . 2017 年中国人文地理学术年会，广州，2017. 11. 24—2017. 11. 26.

[55] 张洁 (#)，戴光全 (*)，2017. Sensemaking and Its Significance to Tourist Research. ICTCHS2017，成都，2017. 7. 13—2017. 7. 14.

[56] 黄琳祺 (#)，戴光全 (*)，2017. 民俗节庆游客后悔心理及后续行为意向研究 . 2017（第十一届）旅游前沿国际学术研讨会，北京，2017. 5. 18—2017. 5. 20.

[57] 姜晓培 (#)，戴光全 (*)，2017. 广州乞巧文化节投射形象与感知形象的比较研究——基于网络文本的分析 . 2017 年中国人文地理学术年会，广州，2017. 11. 24—2017. 11. 26.

[58] 李静 (#)，戴光全 (*)，2018. 符号学视角下的传统节庆体验研究——以广州迎春花市为例 . 第七届中欧国际旅游研讨会暨中国地理学会旅游地理专业委员会第十二届国际旅游学术前沿研讨会，宁波，2018. 7. 6—2018. 7. 8.

[59] 李静 (#)，戴光全 (*)，2018. 基于扎根理论的会展场馆参展商地方感探索性研究——以广州琶洲国际会展中心为例 . 2018 年中国地理学会旅游地理专业委员会学术年会，芜湖，2018. 10. 27—2018. 10. 28.

[60] 李静 (#)，戴光全 (*)，2019. 节庆旅游吸引物的符号化研究——以广府庙会为例 . 2019《旅游学刊》中国旅游研究年会，天津，2019. 10. 25—2019. 10. 27.

[61] 尹书华 (#)，戴光全 (*)，2019. 基于社交媒体的用户节庆体验分析——以广州国际灯光节为例 . 2019《旅游学刊》中国旅游研究年会，天津，2019. 10. 25—2019. 10. 27.